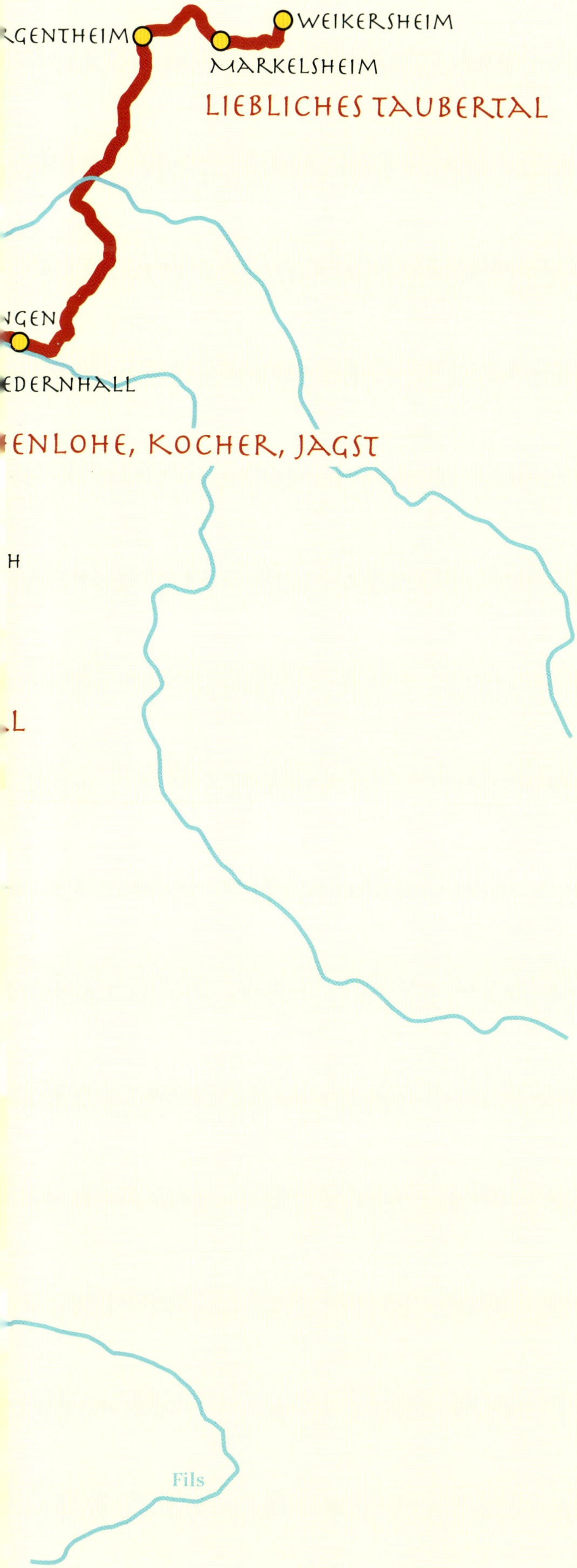
GENTHEIM
WEIKERSHEIM
MARKELSHEIM
LIEBLICHES TAUBERTAL
NGEN
EDERNHALL
ENLOHE, KOCHER, JAGST
Fils

Ulrike Maushake · Martin Nied · Thomas Bernhardt
Rolf Bodmer · Eva Maria Kraiss · Uta Süße-Krause

WÜRTTEMBERGER WEINSTRASSE

Menschen · Traditionen · Landschaften

*Agent*K

INHALT

Neckarschleifen und Bottwartal

Ludwigsburg

Remstal

Stuttgart

Oberes Neckartal

Weinwelt

Herzstück der Stadt ist das Renaissance-Schloss, das Graf Wolfgang II. von Hohenlohe im 16. Jahrhundert auf dem Fundament einer Wasserburg errichten ließ.

WEIKERSHEIM

Ein Rondell in einem Kreisel am Ortseingang von Weikersheim markiert den Anfang der Württemberger Weinstraße. Das sollte man einmal umrunden, sich Weikersheim noch ein bisschen aufheben und zunächst ins Vorbachtal hineinfahren, nach Laudenbach. Nicht nur wegen der besonderen Anmut, mit der die Vorbach durch das bezaubernde Tal mäandert, sondern auch, um die Fahrt entlang der Weinstraße mit einer kleinen Andacht zu beginnen: in der Bergkirche „Zur Schmerzhaften Muttergottes“, dem bedeutendsten Marienwallfahrtsort im württembergischen Frankenland.

Links: Weikersheimer Wasserspiele
Rechts: Steinerner Gnom. Ganz rechts: Pieta in der Bergkirche „Zur Schmerzhaften Muttergottes“

„Sorge dich nicht, lebe!" – Weikersheimer Proportionen

Wer sich durch Weikersheim bewegt, spürt Schutz. Sei es auf dem Marktplatz, der umstanden ist von denkmalgeschützten, barocken Gebäuden. Sei es im Gewirr der Gassen und Winkel, auf dem jüdischen Friedhof, in der harmonischen Symmetrie des Schlossgartens – überall fühlt sich der Besucher umschlossen, umfriedet, umfangen. Getragen von einem „Sorge-dich-nicht-lebe-Gefühl" wandert er durch die kleine Stadt, deren Herzstück das Renaissance-Schloss ist, das Graf Wolfgang II. von Hohenlohe im 16. Jahrhundert auf dem Fundament einer Wasserburg errichten ließ. Eine ausführliche Ahnengalerie im Innern zeigt Konterfeis von Menschen, zu deren hervorstechenden Merkmalen nicht unbedingt die Schönheit gehörte, wohl aber die Lust an Prunkentfaltung. Vollständig erhalten ist die Inneneinrichtung des Grafen Carl Ludwig und seiner Familie, die letzten fürstlichen Schlossbewohner aus dem Hohenloher Adel, dessen Weikersheimer Linie 1756 erlosch. Eindrucksvoll der Rittersaal, bestückt mit lebensgroßen Tierplastiken aus Muschelkalk. Den Elefanten und seinen unglücklichen Gesichtsausdruck wird man nicht wieder vergessen. Und das zart besaitete Gemüt, das sich von den drastischen Jagdszenen in der Kassettendecke schaudernd abwandte, wird alsbald wieder aufleben angesichts des Schlossgartens, der 1707 nach Versailler Vorbild angelegt wurde, und in dieser Form weitestgehend erhalten geblieben ist, splendide bepflanzt und bevölkert mit zahllosen Steinfiguren der Bildhauerfamilie Sommer: Götter, Helden und die vier Elemente. Außerdem, gestaltet mit satirischem Blick: eine Galerie steinerner Gnome, in denen man den Hofstaat des Fürsten wiedererkennen kann.

Die rote Rebe des Grafen Wolfgang – die Weikersheimer Fürsten und ihr Wein

Graf Wolfgang I., der erste Bewohner des Weikersheimer Schlosses, und Graf Carl Ludwig, der letzte Repräsentant der Linie, sind beide für den Weinbau im Taubertal von

Otto Mündlein: „Der Tauberschwarz ist eine Rarität."

Laudenbach

Weikersheim

besonderer Bedeutung. So war es Graf Wolfgang, der um 1560 die ersten Rotweinreben pflanzen ließ, eine namenlose Sorte, die er von einem gräflichen Freund aus dem Neckartal bezogen hatte. Gut 160 Jahre später hat sein Nachfahre Graf Carl Ludwig erwirkt, dass diese Rebsorte, die nur im Taubertal angebaut wurde, unter dem Namen Tauberschwarz eingetragen und geschützt wurde. „Eine Rarität und Spezialität des Taubertals", sagt Otto Mündlein. Wer etwas über die Geschichte des Weinbaus um Weikersheim erfahren möchte, findet keinen besseren Ansprechpartner als dieses Weikersheimer Original. Seine 79 Lenze sieht man ihm nicht an, noch immer bearbeitet er seinen Weinberg. „Ein bisschen zur Erholung", sagt der kernige Senior, der viel Erfahrung hat mit der roten Rebe des Grafen Wolfgang. „Eine widerstandsfähige Sorte, die dem Winterfrost standhält." Bis in die 50er Jahre hinein hat man den Tauberschwarz angebaut. Doch dann wurden die zum Teil 200 Jahre alten Rebstöcke gerodet und durch den ertragreicheren Müller-Thurgau ersetzt. Der Tauberschwarz geriet in Vergessenheit. Als man sich Ende der 70er Jahre wieder auf ihn besann, gab es nur noch einen einzigen Weingärtner in Ebersbronn, der ein paar Stöcke besaß, die man durch Schnittholzgewinnung und Veredelung wieder vermehren konnte.

Alabastergrabmal in der Bergkirche Laudenbach

MARKELSHEIM

Die beste Kur von Mergentheim,
das ist der Wein von Markelsheim

Der Weinbau kann dem Weingärtner das Hemd anziehen, aber auch ausziehen“, sagt Otto Mündlein. Eine Bemerkung, deren Richtigkeit die Festschrift beweist, die die Weingärtnergenossenschaft Markelsheim zu ihrem 100. Jahrestag 1998 herausgegeben hat. Auszüge aus Protokollbüchern erzählen vom Kampf ums Überleben früherer Weingärtnergenerationen: Fehlherbste, Kriegszeiten, Hochwasserschäden. Dann eine Notiz über eine Nacht im Mai 1949, als ein Spätfrost die Ernteerwartungen vollständig zunichte machte. Heilige Sophia, wo bist du da gewesen? Zehn Jahre später verzeichnet das Protokoll einen erfreulichen Zuwachs der

Nachfrage an Weinen. Ein Aufschwung setzte ein, den auch der Ärger nicht stoppen konnte, den der fränkische Weinbauverband den Markelsheimern in den 60ern machte, als diese es wagten, ihren Müller-Thurgau in flache, runde Bocksbeutelflaschen abzufüllen. Die Bocksbeutelgrenze bei Tauberrettersheim wurde per Prozess bestätigt; da mussten die Markelsheimer ihren Wein in Literflaschen umfüllen.

Zu den ältesten Weingärtnergenossenschaften im württembergischen Franken, die Kapazitäten für bis zu drei Millionen Liter Wein besitzen, gehören auch Elpersheim, Weikersheim, Schäftersheim, Vorbachzimmern, Nieder- und Oberstetten. Neben Tauberschwarz findet man in ihrem Angebot – vornehmlich Riesling, Silvaner, Müller-Thurgau und Schwarzriesling – noch eine weitere Spezialität: den Zweigelt, benannt nach dem Mann, der die gute Idee hatte, Blaufränkisch und Sankt Laurent zu kreuzen. Und wieder begegnet einem hier Otto Mündlein: Er hat dafür gesorgt, dass diese Rebe auch im Taubertal heimisch wurde. „Er passt gut auf den Boden, er wächst gut, er schmeckt gut", sagt Bernhard Haag, der Geschäftsführer der Weingärtnergenossenschaft, dessen Logo die zarte Zeichnung eines Ammoniten ziert. Ein Hinweis auf den Untergrund, auf dem der Reichtum der Gegend wächst und dem Wein sein „Bodengfährtle" gibt: über 200 Millionen Jahre alter Muschelkalk.

Brückenheiliger Sankt Urban von Markelsheim bewacht und segnet den anmutigen Fluss.

Links oben: Jenseits der Bocksbeutelgrenze

Links unten: Wilde gelbe Tulpen im Weinberg

Seite 10/11: Conny Lehr: „Tanzen ist etwas Urgegebenes."

Der Tanz um den Bänderbaum

„Tanzen ist etwas Urgegebenes", sagt Conny Lehr, die mit ihrem Mann und ihren vier Kindern im Gassengewirr des malerischen Markelsheim wohnt. Im Jakobshof, einem der wenigen Höfe, wo noch Milchkühe gehalten werden. Conny Lehr ist leidenschaftliche Landwirtin, spielt das Hackbrett und leitet eine Gruppe, die zu den touristischen Attraktionen des Taubertals gehört: die Winzertanzgruppe. Als vor 25 Jahren vier junge Paare anlässlich eines Weinfestes einen Winzertanz aufführten, ernteten sie großen Erfolg. Außerdem hatte es ihnen so viel Spaß gemacht, dass sie sich von nun an regelmäßig trafen. Inzwischen ist die Gruppe auf 30 aktive Tänzerinnen und Tänzer angewachsen. Außerdem gibt es eine Jugendgruppe mit 60 Kindern. Live-Musik begleitet die Auftritte der Tänzer, die sich nach dem Vorbild der Ochsenfurter Gautracht eingekleidet haben: bunte Umschlagtücher, silberknopfbesetzte Westen, dunkle, schwingende Röcke, Schürzen, die von einem großen „M" geziert werden, das für die Gottesmutter steht. 70 alte Tänze umfasst ihr Repertoire. Ein wirkliches Erlebnis ist der Tanz am Bänderbaum. An einem langen Holzstamm werden die bis zu sieben Meter langen Bänder befestigt, die von tanzenden Paaren kunstvoll verflochten und schließlich wieder aufgelöst werden.

Stadt u.Feuerw

BAD MERGENTHEIM

„Helfen, Wehren, Heilen" – Bad Mergentheim und der Deutsche Orden

Ein gutes Drittel ihrer Strecke von Rothenburg nach Wertheim, wo sie in den Main mündet, hat die Tauber zurückgelegt, wenn sie die geschäftige Kurstadt Bad Mergentheim erreicht. Und da ist es schon wieder: dieses „Pflücke-den-Tag-Gefühl". Zum Beispiel im Klanggarten des Kurparks, wo einen meditative Klänge aus dem Irgendwo erreichen und ganz ruhig werden lassen. Trotz der Betriebsamkeit, wie sie nur Kurgäste an den Tag legen können, die von Anwendung zu Anwendung eilen, ist Bad Mergentheim ein Ort, der zur Versenkung auffordert. Da ist das große, spannende, komplizierte Thema „Deutscher Orden". Hervorragend präsentiert das Deutschordensschloss die Geschichte der Bruderschaft, die als Spitalorden während des dritten Kreuzzuges im Jahre 1190 in Akkon im Heiligen Land gegründet wurde, sich zum Ritterorden entwickelte und in einem mächtigen Staat ausbreitete, am Ende des Mittelalters an Einfluss verlor und schließlich von Napoleon 1809 nach Wien vertrieben wurde. Seit 1525 Residenz und Sitz der Hoch- und Deutschmeister präsentiert es heute auf 3000 m² anschaulich und detailliert die Geschichte des Deutschen Ordens sowie die Geschichte der ehemaligen Residenzstadt und dem heutigen bundesweit führenden Gesundheitsstandort.

Bad Mergentheimer Impressionen

Deutschordensschloss

Die Deutschmeister gingen, die Kurgäste kamen: Es soll ein trockener Herbst gewesen sein, 1826, als sich eine Schafherde durstig um ein Rinnsal drängte. Dort, wo heute der Kurpark ist. Ihr Hirte kostete das Wasser, schmeckte das Salz. Mergentheim bekam Badehäuser. Und der Hirte ein Denkmal.

Eine Gedenktafel erinnert an die sieben Jahre, 1844 bis 1851, die Eduard Mörike in Mergentheim weilte. Hier entstand die „Idylle vom Bodensee", hier lernte er, 40-jährig, frühpensioniert, seine zukünftige Frau Margarethe Späth kennen, die Tochter seiner Vermieter. Eine merkwürdige Ménage-à-trois mit Mörikes Schwester Klara, diese Ehe, die schließlich zerbrach.

Wappen am Schloss

Hotelier Otto Geisel (rechts) mit Chefkoch Hubert Retzbach vom Hotel Victoria

Geselliges Beisammensein

Im Kurpark

„Eine Region kann durchaus schmecken“

Hotel Victoria, erstes Haus am Platze. Die Produkte heimischer Landwirte bestimmen die Speisekarte des Sternerestaurants. „Geschmack kann Heimat sein“, sagt Otto Geisel. Der Hotelier ist auch geschäftsführender Vorstand der Akademie für Kulinaristik und er engagiert sich in der Initiative „Slow-Food“, die sich vor 20 Jahren in Italien um Carlo Petrini und den Schriftsteller Dario Fo bildete. Inzwischen hat die Bewegung 100 000 Mitglieder und ist in 103 Ländern vertreten. Für eine handwerkliche, traditionelle Nahrungsmittelproduktion macht sich Slow-Food stark, für den Erhalt der natürlichen Lebensgrundlagen, für Artenvielfalt, für die kulinarische Fülle der einzelnen Regionen.

„In Zeiten zunehmender Globalisierung ist Bodenhaftung etwas ganz Wichtiges“, sagt Otto Geisel mit einem kritischen Blick auf Food-Design, auf die künstlichen Aromen, mit denen Kinder inzwischen aufwachsen, und er warnt davor, die Herstellung der Nahrungsmittel rein der Industrie zu überlassen. Geisel initiierte auch die Tauber-Edition, einen Zusammenschluss von zehn Weingärtnern. Den strengen Richtlinien verpflichtet, die sie formulierten, verzichten sie auf den Einsatz von Pestiziden und Herbiziden genauso wie auf den Maschineneinsatz bei der Lese, begrenzen den Ertrag durch das Zurückschneiden der Reben, entscheiden sich für den Anbau ursprünglicher Taubertal-Sorten. „Wir brauchen Erdung, wir brauchen Heimat“: Für Otto Geisel sollte der Genius Loci unbedingt auch in dem, was an einem Ort gegessen und getrunken wird, spürbar sein. „Es werden immer mehr, die das erkennen.“

Steinbock im Tierpark

Kinder, versunken im Spiel

Noch eine Andacht

Man kann wohl Stunden in dieser kleinen Kapelle in Stuppach vor dem Gemälde und der Symbolik seiner Details meditieren, das erst im Jahre 1908 Matthias Grünewald zuerkannt wurde. Ungeachtet der Auseinandersetzung der Kunsthistoriker, ob es sich bei diesem Bild um den Mittelteil des Aschaffenburger Maria-Schnee-Altars handele oder um ein allein stehendes Altarbild, angefertigt im Auftrage eines Deutschmeisters, lächelt hier eine holde, liebreizende Madonna ihrem dicken Baby zu, reicht ihm mit zierlich abgespreiztem kleinen Finger einen Granatapfel und badet mit ihm in göttlichstem Malerlicht.

Stuppacher Madonna

Frühlingsabend im Taubertal

Sanft wie eine Taube, die Tauber. Wie Schmuckspangen hocken die Steinriegel in den Hängen. Wilde gelbe Tulpen wachsen hier so zahlreich wie anderswo der Löwenzahn. Brückenheilige allerorten: Sankt Kilian, Sankt Urban und der heilige Nepomuk bewachen und segnen den anmutigen Fluss, laden zum ruhigen Zwiegespräch ein. Zarte Strichzeichnungen, die Silhouetten der Reiher in den Flussauen. Wenn dann die späte Sonne ihr Licht

Birnbaum im Frühling

Arbeit im Weinberg

Bildstock mit Birke …

… kunstvoll gearbeitet

über die Hügelketten wirft und die Tauber unter dieser Liebkosung rosa Flecken bekommt, wenn man dabei an ihrem Ufer einen Zweigelt genießt, einen Wein, dem man sich einfach in die Arme fallen lassen kann, dann passiert es, dass die Schönheit eines Frühlingsabends im Taubertal einem ein bisschen das Herz bricht.

Mit dem Besuch in der Wallfahrtskirche von Laudenbach begann die Fahrt auf der Württemberger Weinstraße. Mit einem Besuch bei der Stuppacher Madonna verabschiedet man sich von dem Streckenabschnitt Taubertal, dem man das Prädikat lieblich unumwunden zugesteht, um der Weinstraße weiter zu folgen, die nun das Hohenlohische erreicht.

Marta Hachtel gießt ihre gelben Blumen

Rapsfelder

Spaß, Sport und Abenteuer am Kocher

INGELFINGEN

Von Ingelfingen nach Forchtenberg – die Kochertaler Genießertour führt durch eine reichhaltige Kulturlandschaft

„Ich war bisher jedes Jahr dabei.“ Beate Weber ist auch 2006 wieder extra aus dem Jagsttal herüber ins Kochertal gekommen, um an der fünften Kochertaler Genießertour teilzunehmen. Ihr hat es insbesondere die schöne Landschaft zwischen Ingelfingen und Niedernhall angetan. „Von da oben am Ingelfinger Fass hat man einen wunderschönen Blick auf das Kochertal, für den ich immer wieder gern hierher komme“, schwärmt sie.

Aber nicht allein der Blick auf die schöne Landschaft, sondern auch die elf Stationen locken die Wanderer. Dort sorgen zum einen die Gastronomen aus der Region mit Speisen vom einfachen Vesper über Spezialitäten vom Holzkohlegrill bis hin zum Zanderfilet dafür, dass kein Wanderer allzu hungrig wird.

Die Ingelfinger Kochertalkellerei und die Weingärtnergenossenschaft Niedernhall sowie einige Weingüter helfen den Spaziergängern zudem, eine wesentliche Frage von Weinkennern und solchen, die es werden wollen, zu beantworten. Die Frage aller Fragen lautet: Wo schmeckt der Wein am besten? Und die Antwort? Sie ist ebenso verblüffend wie einfach: Dort, wo der Wein wächst.

Prof. Dr. Hans Hagdorn vom Ingelfinger Muschelkalkmuseum, das als einmalig im europäischen Raum gilt und nicht nur für leidenschaftliche Paläontologen ein wahres Mekka ist.

Blick auf Ingelfingen

Kein Wunder also, dass viele ihre persönliche Genießertour im Ingelfinger Muschelkalkmuseum Hagdorn starten. Denn dort erfährt man alles über jenen Boden, auf dem die herrlichen Kochertal-Weine wachsen – und noch viel mehr. Darauf legt Namensgeber und Privat-Paläontologe Dr. Hans Hagdorn nämlich großen Wert: „Das ist kein Heimatmuseum, auch wenn es sich stellenweise mit dem Kochertal beschäftigt." Doch den gewissen Einfluss, den der Boden auf den Wein hat, erklärt das Museum allemal. Denn Muschelkalk speichert die Wärme, sodass die Reben auch nachts noch vom Sonnenschein des Tages profitieren. Zudem haben die Wengerter im Laufe der Jahrhunderte beim Rigolen, das bedeutet drei Spatenstiche tiefes Umgraben, riesige Steinriegel aus Muschelkalksteinen angehäuft. Die brechen den Wind und speichern ebenfalls die Tageswärme. So viel zum heimatkundlichen Teil des Muschelkalkmuseums.
Ansonsten gilt die Sammlung, aber ebenso die Inszenierung der ausgestellten Objekte als einmalig im europäischen Raum und ist sowohl für passionierte Paläontologen wie für erdgeschichtlich interessierte Amateure ein wahres Mekka.
Die nächste Station auf der Genießertour ist das Ingelfinger Fass. „Ich weiß zwar, wie der Wein hergestellt wird, aber all die historischen Geräte hier im Weinbaumuseum sehe ich mir trotzdem immer wieder mal ganz gerne an", meint Beate Weber. Der Unternehmer Fritz Müller, Ingelfinger aus Überzeugung, hatte dieses Fass aus echtem Eichenholz im Jahr 2001 bauen lassen. Von alten Zeiten reden könne man viel. Hier im Fass, im Weinbaumuseum vor Ort, könne man alle Werkzeuge und Geräte, die früher im Weinbau verwendet wurden, mit eigenen Augen betrachten. Jeder könne sich damit selbst ein Bild davon machen, wie die Menschen früher im Weinberg gearbeitet haben, war die Ausgangsüberlegung des Unternehmers.

Schwarzer Hof in Ingelfingen

Wanderer auf der Kochertaler Genießertour

NIEDERNHALL

Vorbei an drei weiteren Stationen erreichen die Genießer nun das Fachwerkstädtchen Niedernhall. Und schon der Name verrät, dass die Kocherstadt auch etwas mit Salz zu tun hat, denn „hal“ kommt aus dem Keltischen und bedeutet Salz. Im 19. Jahrhundert hat man die Salzgewinnung eingestellt. Lediglich das moderne Solebad ist sozusagen noch eine Reminiszenz an die lange Tradition. Wer etwas Zeit hat, sollte sich zu einer Stadtführung anmelden. In Niedernhall lässt es sich der Bürgermeister, sofern er Zeit hat, nicht nehmen, Stadtführungen höchstpersönlich durchzuführen. Informationen über die Kocherstadt aus erster Hand sind damit garantiert. Dabei wird der Bürgermeister neben der geschlossen erhaltenen Altstadt mit ihrer Stadtmauer, den Türmen, Toren und dem Fachwerk-Rathaus ganz sicher auch auf das „Götzenhaus“ hinweisen. Ein Jahr lang hat der junge Götz von Berlichingen in

Links: Niedernhall am Kocher

Figur am Fachwerkhaus

dem Haus mit den bemerkenswerten Rankenmalereien gewohnt. Erwähnenswert ist natürlich die Weingärtnergenossenschaft Niedernhall. Weit über das Kochertal hinaus bekannt sind ihre Distelfink-Weine, die überall an dessen Hängen so prachtvoll gedeihen. Ihre Kelter wurde von Abt Knittel aus dem Kloster Schöntal im Jahr 1713 gebaut. Bemerkenswert ist die 45 Meter lange und 16 Meter breite Halle. Deren Dach wird allein von einer Holzkonstruktion ohne Pfeiler frei getragen. Im Innern der Laurentius-Kirche finden sich interessante Kunstdenkmäler.

Links oben: Niedernhaller Stadtmauer
Links unten: Traktor mit Heuladung, fast schon eine Rarität
Rechts oben: Weithin sichtbar steht mitten in den Weinbergen das „Ingelfinger Fass“.
Der Unternehmer Fritz Müller ließ es als Weinbaumuseum errichten.
Während der Kochertaler Genießertour öffnet Erika Brauch die Türen für interessierte Besucher.
Rechts: Auf der Kochertaler Genießertour
Ganz rechts: Der Unternehmer Fritz Müller genießt ein Glas Wein.

INGELFINGERFASS
GEMÜ
Schloß-Hotel

GEMÜ

FORCHTENBERG

Station zehn und elf gehören zum romantischen Forchtenberg. Dort, wo die Kupfer in den Kocher mündet, haben bereits die Alemannen gesiedelt. Erstmals urkundlich erwähnt wird der Ort 771, damals noch unter dem Namen Wülfingen. Erst Anfang des 13. Jahrhunderts kam der Ort in den Besitz der Herren von Dürn, von denen er auch seinen heutigen Namen Forchtenberg erhielt und die sich fürderhin „von Forchtenberg“ nannten. Aus dieser Zeit, so wird vermutet, stammt wohl auch die Burg hoch über Forchtenberg, von der heute nur noch wenige Reste stehen. 1989 kam sie in den Besitz der Stadt Forchtenberg und wurde bis 1995 saniert. Seither dient sie als Kulisse für festliche und kulturelle Veranstaltungen.

Ein Muss für jeden kulturhistorisch Interessierten ist das Haus der Künstlerfamilie Kern, das sie um 1590 kaufte und bis zum Tod von Achilles Kern im Jahr 1691 bewohnte. Werke dieser Familie finden sich in Kirchen, Klöstern und Schlössern, in Bamberg, Würzburg, Schwäbisch Hall und Öhringen. Im Forchtenberger Kern-Haus finden sich neben Großfotos auch Originale wie „Die drei Grazien“ oder „Adam und Eva“. Grundriss, Wohnräume und Küche sind noch so, wie sie Besucher auch schon im Jahr 1600 haben sehen können. Zeugnisse der Forchtenberger Stadtgeschichte sind ebenfalls dort ausgestellt.

In Forchtenberg endet die Kochertaler Genießertour. Aber auch nächstes Jahr wird im Sommer zwischen Ingelfingen und Forchtenberg wieder gewandert, geschaut und geschlemmt.

Links: Mühle bei Forchtenberg
Rechts oben: Stadtansicht auf Forchtenberg
Rechts Mitte: Idyllische Uferlandschaften laden zum Paddeln und Sonnen ein
Rechts unten: Lutz Schorr aus Forchtenberg bei der Arbeit im Weinberg „Büschelhof“

Burgruine über Forchtenberg

Brücke über der Kupfer

Frank Winkler von Winklers Weinstube in Forchtenberg – es muss stimmig sein

Das also ist die Umgebung, in der er sich wohl und sicher fühlt. Eigentlich kein Wunder, denn es ist die Gaststätte, in der er tagtäglich seine Gäste verwöhnt. Frank Winkler ist Gastwirt aus Überzeugung. Seine Weinstube hat etwas von dieser gepflegt-rustikalen, stets etwas dämmrigen Gemütlichkeit, wie man sie noch häufig im Elsass antrifft: kleine Fenster im Holzrahmen, Balken, Fachwerkwände, ein paar alte Küchengegenstände und Bücherregale, die das ganze Ambiente zieren – aber: keine alten Bettflaschen aus Kupfer.

Denn Winkler ist ein Ästhet – keiner von der forschen Sorte, auch wenn er diesen Eindruck auf der Bühne, wenn er mit seiner Hohenloher Mundartband „Annâweech" als Sänger und Gitarrist unterwegs ist, vielleicht vermittelt. Nein, Winkler gehört mehr zu den Nachdenklichen, jenen, die sich oft verlieren zwischen Sowohl und Als-auch. Typisch: „Wir ändern nix und wenn, dann ganz langsam und unmerklich. Wir sind Veränderung genug", hat er zu seiner Frau gesagt, als er die Weinstube von seinem Vater übernommen hat.

„Die Menschen, die zu mir in die Gaststätte kommen, wissen, dass sie hier wahrgenommen werden." Das gilt für ihn auch auf der Bühne. Das Erfolgsrezept: „Wir sprechen die Sprache der Leute. Wir verbiegen uns nicht und sind ehrlich. Oftmals entwickeln sich die Dinge erst auf der Bühne und wir lassen die Menschen an dieser Entwicklung teilhaben." Aber natürlich sei es auch der Dialekt, der vieles von der Wesensart der Menschen in Hohenlohe in sich trägt und weiter transportiert. Für Winkler ist klar, dass „sêi Schbrôôch" etwas ist, das die Menschen, die in dieser Region zusammenleben, gemeinsam haben. Im Dialekt kann man vieles treffender und besser ausdrücken. Menschen mit eigenem Dialekt verstehen Menschen mit anderen Dialekten weitaus besser.

Doch trotz hohem Spaßfaktor in der Band habe man festgestellt, dass man sich mit den Songs in Hohenloher Mundart auch ein Stück Verantwortung aufgeladen

hat. „Wir stehen nun für die Region und sind bis zu einem gewissen Grad auch eines ihrer Aushängeschilder und damit Vorbild geworden.“
Obwohl er früher nie Gastwirt werden wollte, mache ihm dieser Beruf längst viel Freude. „Ich möchte dass meine Gäste zufrieden sind.“ Deshalb schüttle er jedem Gast zum Abschied die Hand und fragt ihn, ob er sich wohl gefühlt hat – „mir ist es dabei ganz gleichgültig weshalb, ob wegen des Essens, des eigenen Fassweins oder der anderen Gäste wegen, mit denen er sich gut unterhalten hat. Es muss stimmig sein.“ Daran hat der Ästhet seine Freude.

Hohenloher Original: Sänger, Gitarrist und Gastwirt Frank Winkler

Der Öhringer Türmer

Eine Flurnische, ein ovaler Tisch und drumherum eine Sitzbank – alles in Eiche rustikal. Oberhalb der Sitzbank Erinnerungsstücke: eine Zinnkanne von seiner Frau zur Erinnerung an sein Jubiläum zur Bäckermeisterprüfung, ein Reliefbild des Götz von Berlichingen, eine beinahe metergroße Landsknecht-Marionette – sämtliche Ablagemöglichkeiten sind besetzt. Hier also empfängt Fritz Offenhäuser zuhause seine Gäste.

Fritz Offenhäuser ist aber nicht nur Bäckermeister. Nach dem frühen Tod des Vaters musste er bereits in jungen Jahren den elterlichen Betrieb übernehmen. „Posaunenchor und Sportverein musste ich aufgeben, weil ich eben jede Nacht um halb zwei Uhr in die Backstube musste." Offenhäuser blieb Mitglied beim Heimatverein. Dessen Vorsitzender griff eines Tages eine alte Idee neuerlich auf, in Öhringen wieder einen Türmer einzusetzen. „Das passte ganz gut zu meinen Arbeitszeiten."

Der Türmer heute? Er soll an altes Brauchtum erinnern, dieses Kulturgut erhalten, vor allem auch für junge Leute: „Was wissen die schon von einem Nachtwächter und davon, dass jede Stadt ihre eigene Wachordnung hatte?" Schon ist der Bäckermeister bei einem seiner Lieblingsthemen, der Öhringer Wachordnung: „Zwei Wächter gehen durch die Gassen, sechs Wächter gehen auf den Mauern, zwei stehen auf dem Kirchturm und zwei auf dem Turm in der alten Stadt, den es heute nicht mehr gibt", zitiert Offenhäuser aus einem alten Dokument. Die Nachtwächter dagegen sorgten auf den nächtlichen Gassen für Sicherheit. Sie prüften, ob alle Stadttore richtig geschlossen waren und randalierende Trunkenbolde nahmen sie in Gewahrsam. Aber auch die Bäcker wurden von ihnen geweckt, damit sie ihrer nächtlichen Arbeit nachgehen und ihre Mitbürger morgens mit frischem Brot versorgen konnten.

Das Telefon läutet. „40 Schülerinnen und Schüler? Da müssen wir zwei Gruppen bilden, weil alles etwas eng ist. Gut, dann bis morgen." Türmeralltag. Die Türe zum Treppenhaus hängt voller kleiner Zettelchen. Jeder Zettel bedeutet eine Führung im Turm der Öhringer Stiftskirche. Der ist heute praktisch Museum. Die Führung beginnt im Holzstall, wo die Türmerfamilie früher ihr Brennholz gelagert hatte. Hier und in den anderen Räumen bis hinauf in die Türmerwohnung erfahren die Besucher von Offenhäuser, wie Öhringens Türmer früher gelebt und gearbeitet haben. Technisch Interessierte kommen im Uhrenraum auf ihre Kosten. Dort erklärt ihnen Offenhäuser anhand eines Modells die Funktionsweise der Kirchturmuhr. Schließlich führt er die Gäste vollends hinauf in die eigentliche Wohnung der ehemaligen Türmerfamilien. Ein Rundgang auf dem Kranz des Turmes mit seiner fantastischen Aussicht auf die Altstadt von Öhringen bis weit in das Hohenloher Land entschädigt für den beschwerlichen Aufstieg.

Oben: Zwischen Backstube und Kirchturm: Fritz Offenhäuser, der Türmer von Öhringen
Links: Öhringer Türme

Schloss Pfedelbach

Blick ins Steinbacher Tal

WEINSBERG

Weinsberg – auferstanden aus Ruinen

Sanfte, mit Reben bewachsene Hügel prägen die Landschaft des Weinsberger Tals, die die Sulm, ein kleiner Nebenfluss des Neckars, wesentlich mitgestaltet hat. Am östlichen Rand dieses Tals, wenige Kilometer vor den Toren Heilbronns, liegt das Städtchen Weinsberg, das vielen Autofahrern durch eines der bundesweit meist befahrenen Autobahnkreuze bekannt ist.

Aber Weinsberg hat weit mehr zu bieten als Autobahnen. Durch die Weinbauschule, das renommierte Staatsweingut sowie den Sitz des württembergischen Weinbauverbandes ist die Stadt so etwas wie die heimliche Hauptstadt des Württemberger Weines.

Gerhard Frisch ist Wengerter im Ruhestand und Stadtführer. Seit acht Jahren führt er Touristen, Schulklassen und andere Interessierte durch seine Stadt. Die Altstadt von Weinsberg wurde am 12. April 1945 durch Luftangriffe fast völlig zerstört. „Deshalb haben wir hier relativ wenig alte Bausubstanz", bedauert Frisch. Insgesamt aber sei Weinsberg in seiner Geschichte dreimal zerstört worden.

Es ist Ostersonntag im Jahr 1525. Früh um acht stürmen aufständische Bauern die Burg, die sie binnen einer Stunde erobert haben. Es geht weiter, hinunter in die Stadt. Um zehn Uhr ergeben sich die Ritter in der Johanneskirche. Die Bauern lassen sie anschließend Spießruten laufen. Kein Ritter überlebt. Doch nur wenige Wochen später, es ist der 21. Mai 1525, erreicht der Truchsess Georg von Waldburg, besser bekannt als der „Bauernjörg", die Stadt, die er trotz aller Unschuldsbeteuerungen ihrer Bewohner niederbrennen lässt.

Die zweite Zerstörung Weinsbergs erfolgte im Jahr 1707 durch einen Stadtbrand. 1945, bei einen Angriff durch alliierte Bomber wurde Weinsberg zum dritten Male zerstört.

Joseph Michael Neustifters Skulptur greift die Geschichte der treuen Weiber von Weinsberg auf.

Zur Stadtführung mit Gerhard Frisch trifft man sich normalerweise hinter der Johanneskirche. Die erste Station ist dann das Kernerhaus. Seit 1819 machte der Oberamtsarzt Justinus Kerner die Stadt Weinsberg zum Mittelpunkt der schwäbischen Romantik. Denn so ziemlich alle schwäbischen Dichter dieser Epoche waren irgendwann einmal bei Kerner zu Gast. Zum Gedenken an solch illustre Gäste wie Eduard Mörike, Friedrich Schiller, Nikolaus Lenau oder Ludwig Uhland und die vielen anderen, hat Kerners Sohn Theobald im Dicken Turm der Weibertreu als „Steinernes Album“ die Namen aller Dichter, die bei seinem Vater je zu Gast waren, eingravieren lassen.

Vom Kernerhaus geht es weiter über die Weinbauschule zur Baukelter, die ihren Namen davon herleitet, dass dort die herrschaftlichen Weine, also der Zehnte der Weinernte, ausgebaut wurden. Doch offensichtlich musste nicht die gesamte Weinernte versteuert werden. Denn Gerhard Frisch erinnert sich noch an einen Markstein, der bei der Flurbereinigung am Schemelsberg gefunden wurde. Dieser Stein zeigte die Grenze an, bis zu der die Ernte zehntpflichtig war. Was der Wengerter darüber hinaus eigenhändig dem Wald an Rebfläche abgerungen hatte, stand ihm steuerfrei zur eigenen Verfügung. In der Baukelter wurde bis zum Entstehen der Genossenschaften Wein gekeltert und ausgebaut. Heute sind in der Baukelter die städtische Musikschule und im historischen Helfensteinkeller eine Vinothek untergebracht.

Vor dem Rathaus steht eine sehenswerte Skulptur von Joseph Michael Neustifter. In sehr kompakter Weise zeigt sie die Geschichte der treuen Weiber von Weinsberg. Es geht weiter, die Kirchenstaffeln hinauf zu einem von Frischs Lieblingsorten, der Johanneskirche. Sie ist 800 Jahre alt und wurde zur Zeit der Stauferkaiser erbaut. Die romanische Basilika ist der älteste Teil der Kirche und stammt aus dem Jahr 1200. Etwa um 1240 kommt der Turmchor hinzu und um 1350 wird die Kirche um ihren spätgotischen Ostchor erweitert.

Wer mehr über die Geschichte Weinsbergs erfahren möchte, ist im Weibertreumuseum gut aufgehoben. Es befindet sich im Rathaus und ist ganzjährig Sonntag, Dienstag, Mittwoch und Donnerstag jeweils zwischen 14 und 17 Uhr geöffnet.

Der Württemberger Wein und sein Zentralgestirn

Man schrieb das Jahr 1929, als August Herold an der Staatlichen Lehr- und Versuchsanstalt für Wein- und Obstbau in Weinsberg Trollinger- und Rieslingreben miteinander kreuzte. Aus dieser Verbindung ist damals eine Weißweinrebe entstanden, die man nach dem schwäbischen Arzt und Dichter Justinus Kerner benannte. Und weil die Weine dieser Rebe besonders fein und fruchtig werden, oft mit einem leichten Muskatton, war der Kerner schnell

Weinbauschule

erfolgreich und erlangte in allen deutschen Weinbaugebieten eine gewisse wirtschaftliche Bedeutung.
Herold steht damit ganz in der Tradition der „Weinbauschule“, wie die Staatliche Lehr- und Versuchsanstalt in der Region kurz genannt wird. Seit ihrer Gründung im Jahr 1868 ist sie durch stets praxisorientierte Forschung und Lehre konsequent zu einem Zentralgestirn nicht nur des württembergischen Weinbaus aufgestiegen. Allein Herold hat neben dem Kerner die Sorten Dornfelder, Heroldrebe und Juwel gezüchtet. Aber auch alte württembergische Rebsorten wie beispielsweise der Trollinger haben es nicht zuletzt Herold und dessen Erhaltungszüchtungen zu verdanken, dass sie heute noch in aller Munde sind. Der Kerner erlebte bald einen beachtlichen Aufschwung

Im Kernerhaus

im deutschen Weißweinmarkt. Doch wie so oft lagen auch hier Licht und Schatten sehr eng beieinander. Gerade weil er bei den Verbrauchern so beliebt war, wurde er auf beinahe inflationäre Weise angebaut. Und weil die Nachfrage zeitweise größer war als die Zahl der Weingärten mit der beliebten Rebe, setzten die Winzer auf die hohen Erträge, zu denen die Rebe durchaus in der Lage ist. Zwangsläufig ging das auf Kosten der Qualität ihrer Weine. Der Kerner hatte rasch den Ruf eines Massenweins.

Diese Entwicklung hat man auch in der Weinbauschule in Weinsberg, der Mutter des Kerners, sehr genau wahrgenommen. Aber ein Absturz sollte dem Kind einer ehemals Königlich Württembergischen Weinbauschule nun doch erspart bleiben. Schließlich würde ein solcher Fall auf Dauer gesehen allen schaden, die den Kerner in ihren Weingärten anbauen. Im jährlich stattfindenden Versuchs- und Forschungsgespräch an der Staatlichen Lehr- und Versuchsanstalt, also in dem Forum, in dem die Forschungsprojekte für das kommende Jahr beraten und beschlossen werden, war man sich schnell einig: Dem Kerner muss geholfen werden. „Dafür haben wir ein durchgängiges Konzept zur Optimierung der Qualität ausgearbeitet und erprobt“, erinnert sich Dr. Günter Bäder, Direktor der Lehr- und Versuchsanstalt und des 1995 gegründeten Staatsweinguts Weinsberg. Das Ziel war klar: Aus dem Kerner sollte ein Weißwein-Typ geschaffen werden, der am Markt akzeptiert ist und dessen Geschmacksprofil auf der Basis von Marktforschungsdaten vorher definiert wird.

Um diese Ziele zu erreichen, sind bereits im Weinberg gewisse Maßnahmen wie beispielsweise lockere, luftige

Weinsberg und die Weibertreu

Erziehung und relativ bodennahe Fruchtansätze in einer Höhe zwischen 60 und 80 Zentimetern erforderlich. Auch für eine Ertragsbegrenzung auf 90 Kilogramm pro Ar und viele weitere weinbauliche Maßnahmen müssen die Winzer sorgen. Ganz entgegen dem allseits bekannten, herbstlichen Öchsleskrieg, bei dem sich der Erntezeitpunkt nach dem Mostgewicht, also nach dem Zuckergehalt, richtet, müssen sich die Wengerter beim neuen Kerner vielmehr am Gesundheitszustand sowie der physiologischen Reife der Trauben orientieren.

Nach der Ernte geht es im Keller ganz schonend, sprich mit möglichst geringer mechanischer Belastung und möglichst kühlen Temperaturen weiter. Das Säuremanagement spielt eine ebenso wichtige Rolle wie der Prozess der alkoholischen Gärung selbst, für den die Weinsberger den Grad der Zuckerabnahme pro Tag, ja sogar die geeigneten Hefesorten empfehlen.

So wurde am Ende aus dem Kerner der neue „Justinus K.“ Das Kind ist nach Erfolgen, Irrungen und Wirrungen erwachsen geworden und erfreut sich bereits bei vielen Genießerinnen und Genießern großer Beliebtheit.

Selbstverständlich haben an diesem neuerlichen Reifeprozess einer Rebsorte die Techniker- und Meisterschüler der Lehr- und Versuchsanstalt aktiv Anteil genommen. Sie haben in der Praxis hautnah miterleben können, wie ein Wein systematisch von seinen Anfängen im Weinberg bis zur Marktreife gebracht wird. Ganze Generationen von Winzern haben solche Erfahrungen in Weinsberg machen dürfen und tragen sie bis heute in alle Welt hinaus.

ERLENBACH

„Gehen wir nach Erlenbach in den Besen"

Genau genommen besteht Erlenbach aus zwei Gemeinden, nämlich Erlenbach und Binswangen. Die beiden haben sich aber bereits vor dem Zweiten Weltkrieg zu besagter Gemeinde Erlenbach zusammengeschlossen. Die beiden barocken Kirchen, Sankt Michael in Binswangen und Sankt Martin in Erlenbach, zeugen bis heute von den ehemals zwei Gemeinden.

Weinkennern ist Erlenbach in Verbindung mit dem Kayberg und den dort wachsenden Weinen bestens bekannt. Insbesondere die gemütlichen Besenwirtschaften sind weit über die Sulmtalgemeinde hinaus bekannt. Und obwohl Heilbronn seinerseits mit Besenwirtschaften gut versorgt ist, hat es schon immer viele Heilbronner „nach Erlenbach in den Besen" gezogen. „Vielleicht, weil der Wein hier noch ein wenig billiger war als in Heilbronn, vielleicht aber auch, weil die Erlenbacher Besenwirte nach dem Krieg noch lange hausgeschlachtet haben und die Gäste ihrerseits frische Schlachtplatten und Metzelsuppe sehr geschätzt haben", versucht der alte Erlenbacher Küfermeister Otto Keicher zu erklären.

An dieser Stelle sei ein kleiner Ausflug in die Geschichte der Besen- oder Straußwirtschaften gestattet. Erste gesicherte Belege für diese besondere Form der Gastronomie finden sich in der Landgüterverordnung Karls des Großen. Darin wurde den Winzern das Recht zugestanden, ihren Wein, sofern er nicht am karolingischen Hofe benötigt wurde, direkt zu verkaufen. Außerdem verordnete der Kaiser, dass auf jedem seiner Weingüter mindestens drei Straußwirtschaften, die durch ausgehängte Kränze aus Efeu oder Reben gekennzeichnet werden sollten, eingerichtet werden. Man muss davon ausgehen, dass dort die weniger edlen Tropfen ausgeschenkt wurden. Den wirklich guten Wein mussten die Winzer an den Adel abliefern.

Die Bauernbefreiung im 19. Jahrhundert brachte die Wengerter zuerst in wirtschaftliche Nöte. Der schnellste Ausweg: Die Winzer verkauften ihren Wein in ihren Besenwirtschaften. So zählte man im 19. Jahrhundert zeitweise allein in Württemberg bis zu 5000 Besenwirtschaften. Je mehr Besen außen hingen, desto größer war die Not der Winzer. Erst die in der zweiten Hälfte des 19. Jahrhunderts überall entstehenden Weingärtnergenossenschaften brachten Besserung und allmählich mussten die Wengerter keinen Besen mehr aus einer wirtschaftlichen Notlage heraus betreiben. Auch mussten sie keine Fässer mehr leeren, um Platz für den neuen Wein zu schaffen. Die Genossenschaften sorgten für ausreichend Lagerkapazität. Dennoch blieb die Besenwirtschaft eine willkommene Einnahmequelle für die Weingärtner. Allerdings wurde der Besen mehr und mehr zu einem Ort des geselligen Beisammenseins. Der Ausbau im eigenen Keller und der Ausschank in

Erlenbach und seine Besen: Beliebt in der ganzen Region

den eigenen vier Wänden entwickelte sich geradezu zu dem Markenzeichen der Besenwirtschaften.
Doch mit der Zeit bestanden die Genossenschaften darauf, dass ihre Mitglieder ihre gesamte Ernte abliefern. Viele Besenwirtschaften wurden deshalb für immer geschlossen. Vor allem für kleinere Selbstvermarkter aber sind sie bis heute eine wichtige Einnahmequelle.
1955 hat die Erlenbacherin Ida Löhe erstmals ihren Besen geöffnet. Der Mann war nicht vom Krieg zurückgekommen. Haus und Scheune waren zerbombt, nur die Weinberge waren ihr geblieben und irgendwie musste das Leben weitergehen. „Meine Mutter sah die Besen-

Hans-Ulrich Freisleben am Tag der offenen Keller bei der Genossenschaftskellerei Heilbronn-Erlenbach-Weinsberg

wirtschaft als den schnellsten Weg, um den Betrieb und das Wohnhaus wieder aufzubauen und uns Kinder über die Runden zu bringen", erinnert sich ihr Sohn Manfred Löhe. Er sieht es noch richtig vor sich, wie Wohnzimmer und Schlafzimmer ausgeräumt wurden. Bei den örtlichen Gaststätten habe man sich Tische und Stühle ausgeliehen. „Wir mussten allerdings nicht wie viele andere in den Stall oder in die Garage ausweichen, um dort zu schlafen. Wir hatten glücklicherweise noch ein Stockwerk über dem Besen, wo wir schlafen konnten", erinnert sich Löhe.

„Hygienische und sanitäre Verhältnisse waren damals eher schlicht, was aber die Leute nicht wirklich gestört hat. Da sind die Männer auch schon mal zum Misthaufen über den Hof anstatt auf die Toilette", weiß auch Otto Keicher.

Höchstens 40 Sitzplätze, nur einfache Speisen wie Brot mit Wurst, Käse oder Schmalz, früher nicht einmal Sauerkraut, und nur wenige Wochen im Jahr, in denen geöffnet werden darf – den meisten Besenbetreibern war das zu wenig und zu bürokratisch, zumal auch die Ansprüche der Gäste im Lauf der Zeit gestiegen sind. Inzwischen hat praktisch jeder Besenwirt eine ganz normale Gaststättenlizenz. Dafür hat Manfred Löhe seinen Besen 1980 entsprechend umgebaut. Der Gastraum ist kein Wohnzimmer mehr, sondern wird ausschließlich für die Besenwirtschaft genutzt. „Aber wir können die Speisen den Wünschen unserer Gäste anpassen wie es nötig ist, und ich kann meinen Besen, so oft und so lange wie ich möchte, öffnen", meint Maren Löhe, die den Betrieb vor wenigen Jahren von ihrem Vater übernommen hat.

Die meisten Besenwirtschaften sind heute also per Definition keine Besenwirtschaften mehr, sondern müssen sich „Weinausschank" nennen, was sie aus verständlichen Gründen meist nur im Kleingedruckten tun. Viele von ihnen haben dennoch, wie früher, nur wenige Wochen im Jahr geöffnet. Andere aber haben regelmäßig, meistens eine oder zwei Wochen im Monat geöffnet. Sie haben die Zahl ihrer Sitzplätze drastisch gesteigert. Andere wiederum haben sich zu so genannten „Edelbesen" gewandelt und legen Wert auf gehobene Küche mit

Oben: Wilder Wein wuchert am Weinberghaus am Kayberg
Rechts: Arbeit im Weinberg

entsprechend edlen Weinen, selbstverständlich aus dem eigenen Keller.
Wie die Ansprüche der Kundschaft vielfältiger geworden sind, so haben auch die Besenwirte auf die neuen Verhältnisse reagiert und ihre unterschiedlichen Angebote tragen dieser Entwicklung Rechnung – auch in Erlenbach.

Links: Blick auf Erlenbach mit den beiden Barockkirchen Sankt Martin in Erlenbach und Sankt Michael in Binswangen
Unten: Der Wein und die Rose, eine wilde Symbiose

Neckarsulm

Deutschlands älteste Weingärtnergenossenschaft tritt 2006 von der Weinbühne ab – neue Chancen für den Neckarsulmer Weinbau

Man schrieb das Jahr 1834. Am 28. Oktober dieses Jahres gründeten Wilhelm Fischer, Viktor Brunner und sechs weitere Neckarsulmer Bürger einen Weingärtnerverein. Zu diesem Zeitpunkt lebten die rund 2200 Bewohner der Stadt noch vorwiegend vom Weinbau auf knapp 180 Hektar Anbaufläche. Und weil man anscheinend damals schon wusste, dass Stillstand schnell zum Rückschritt wird, hatte dieser Verein sich klare Ziele gesetzt: „den Weinbau durch Beschaffung und Austeilung von geeigneten Reben in den geeigneten Lagen zu fördern." Doch der Weinmarkt musste ziemlich in Bewegung geraten sein, denn der Verkauf ist damals wohl immer schwieriger geworden. Und es war beileibe nicht nur ein Neckarsulmer Problem. Selbst im französischen Bordeaux kämpfte man mit wachsender Konkurrenz und Absatzproblemen. Just 1855, also im selben Jahr, in dem die Neckarsulmer Wengerter ihre Weingärtnergesellschaft gründeten, wurde in Frankreich zur Weltausstellung von Paris die Bordeaux-Klassifizierung mit ihren fünf Stufen als neues Marketinginstrument eingeführt.

Die Gründung der Weingärtnergesellschaft gilt heute als die eigentliche Geburtsstunde der ersten deutschen Weingärtnergenossenschaft. Nach den Verbesserungen in den Weinbergen sollte die neue Weingärtnergesellschaft nun die Marktposition der Neckarsulmer Wengerter verbessern. Und dieses Modell war durchaus erfolgreich. So berichtet die Chronik der Weingärtnergesellschaft, wie viele Neckarsulmer Weinbauern zunächst auf Clevner-

Oben: Ehemalige Württemberger Weinkönigin Elisabeth Berthold aus Neckarsulm
Links: Kirchturm Sankt Dionysius
Unten: Holzstelen am Neckarsulmer Scheuerberg

Trauben sitzen geblieben sind, weil Champagnerfabriken zwar zur Ablieferung von Clevner-Trauben aufgerufen hatten, sich aber in Neckarsulm kein einziger Aufkäufer blicken ließ. Der Erfolg war durchschlagend, „denn es waren viele auswärtige Käufer erschienen, die im Vertrauen auf die öffentliche Aufsicht und Kontrolle ausschließlich Gesellschaftswein aufgekauft haben, während sie andere, zugleich aufgestellte Muster ganz guter Privat-Weinmoste unberücksichtigt ließen", heißt es in der Chronik.

Das Zweiradmuseum mit rund 400 Ausstellungsstücken vom ersten Laufrad über Hochräder bis hin zum modernen Fahrrad.

Und schon damals klassifiziert die Weingärtnergesellschaft die Weinberge und das abgelieferte Lesegut nach Qualität: Gute Trauben erzielen bessere Erlöse als schlechte. So werden die Neckarsulmer Winzer in der Folgezeit nicht nur mit Preisen überhäuft, sondern auch weit über Deutschland hinaus bekannt.

1939 wird die Weingärtnergesellschaft, wie alle anderen inzwischen gegründeten Weingärtnervereine, in eine Genossenschaft umgewandelt, was sie bis heute geblieben ist. Bereits im Jahr 1956, treten die Gundelsheimer Weingärtner der Genossenschaft bei und ergänzen deren Angebot. Die Wirtschaft blüht und im allgemeinen

Aufschwung geht es auch den Neckarsulmer Wengertern immer besser. Ihr Wein verkauft sich prächtig, bis die 1980er Jahre erste kleine Schatten werfen. Dem stellen sich die Genossen und bauen ihren Verkaufsraum nach zeitgemäßen Anforderungen um. Mit der Serie „Villa Sulmana" mischt man auch im gehobenen Preissegment mit.

Januar 2006 wird Rita Ostholt Geschäftsführerin der Genossenschaft. Der Agrarwissenschaftlerin und ehemaligen Württembergischen Weinkönigin fällt im selben Jahr die undankbare Aufgabe zu, die Neckarsulmer Traditionsgenossenschaft erneut an einen Strukturwandel anzupassen. Erst eine zweite außerordentliche Mitgliederversammlung erbringt eine tragfähige Mehrheit für die Fusion mit der großen benachbarten Genossenschaftskellerei Heilbronn-Erlenbach-Weinsberg. Die älteste Weingärtnergenossenschaft Deutschlands tritt von der Weinbühne ab. Damit hat man noch im Untergang und einmal mehr gesunde Weitsicht bewiesen. Die jahrhundertealte Weinbautradition bleibt in der modernen Auto- und Solarstadt auch für die Zukunft erhalten.

Modern und innovativ – das Audi Forum Neckarsulm

HEILBRONN

Heilbronn – die Wein Villa als zeitgemäße Nachfolgerin der alten Weinwirtschaften

Oben: Wände mit Wandmalerei
Links: Trappensee-Schlösschen
Unten: Schlemmen in der Wein Villa

Wer einmal im Heilbronner Stadtarchiv die Ausstellung „Heilbronner Schauplätze" gesehen hat, weiß, was die Stadt durch den Zweiten Weltkrieg an reichsstädtischem Flair in nur einer Nacht verloren hat. Mit all den Gebäuden, ihren prachtvollen Fassaden, den lauschigen Plätzen und ihren vielen Weinwirtschaften auf der alten Allee ist für die Stadt und ihre Bewohner für lange Zeit auch die historische Dimension ihrer Identität verschwunden. Und wie von älteren Mitbürgern zu hören ist, hatten auch die zahlreichen Weinwirtschaften durchaus positiv zum Leben in der Stadt beigetragen.

Erst allmählich und nach langem, oft schwierigem Suchen ist bei den Heilbronnern wieder so etwas wie ein Bewusstsein für sich, ihre Stadt und deren Geschichte entstanden. Deshalb erscheint es weit mehr als ein Zufall, dass aus der ehemaligen Faißt'schen Villa die heutige Wein Villa geworden ist. Haben hier doch zwei Überlebende der Bombennacht von 1944 zusammengefunden: die klassizistische Villa und der in Heilbronn wirtschaftlich wie kulturell nach wie vor eine tragende Rolle spielende Weinbau.

„Ab und zu genieße ich die ganz besondere Atmosphäre dieses Hauses" – Franz Josef Schnattinger hat normalerweise wenig Zeit dafür, denn er leitet die Küche und führt die Geschäfte in der Wein Villa. Er stellt die

Ehrenringträger Adolf Heinrich macht Ruhepause

Speisekarte zusammen, bestimmt das tägliche Mittagsmenü und empfiehlt den passenden Wein, den er und seine Gäste aus 100 verschiedenen Weinen auswählen können.

16 Heilbronner Weingüter sowie die Weingärtnergenossenschaft Heilbronn-Erlenbach-Weinsberg betreiben dieses besondere Wein-Haus. Mit 767 Hektar repräsentieren sie zusammen gut 85 Prozent der Heilbronner Rebflächen. Jeder Betrieb hält größere oder kleinere Anteile an der Wein Villa. Entsprechend zahlreich finden sich seine Weine im Angebotssortiment wieder.

Neben dem täglichen Mittagsmenü bietet Schnattinger ein mindestens dreigängiges Degustationsmenü, das auf Wunsch um weitere Gänge erweitert werden kann. Dieses Menü wechselt je nach Jahreszeit, entsprechend auch die dabei vorgestellten Weine.

Diverse Veranstaltungen rund um den Wein finden sich im jeweiligen Halbjahresprogramm der Wein Villa. Dort sind Veranstaltungen etwa zu Themen wie „Wein und Walzer“ mit Musik von Johann Strauß zu fünf exklusiven Weinen aufgeführt. Immer wieder werden jahreszeitlich orientierte Kochkurse mit dem Hausherrn Franz Josef Schnattinger angeboten. Und natürlich gestalten auch die beteiligten Weingüter das Programm kräftig mit. Mal kann es dabei um unterschiedliche Trollinger-Varianten gehen oder um die Besonderheiten ökologisch angebauter Weine. Die Zahl der möglichen Themen in diesem Bereich sind Legion.

Heilbronn – von den alten Privatherbsten zum Weindorf

Thaddäus Troll hat sich einmal über den Stuttgarter Fasching amüsiert und behauptet, dass eine Beerdigung in den Stammlanden der schwäbisch-alemannischen Fasnet fröhlicher gefeiert werde als der Karneval in Stuttgart. Diese Feststellung lässt sich ohne weiteres auf den Heil-

Weinberghäuschen am Heilbronner Wartberg

bronner übertragen. Allerdings gilt für die Käthchenstadt ein ganz dickes „Aber“. Denn Heilbronn hat sein weit über das Neckartal hinaus bekanntes Weindorf im September, der moderne Nachfolger des „Herbstens“, einer sehr alten Heilbronner Tradition die Traubenlese zu feiern.

Bis ins 19. Jahrhundert hinein war es die Traubenblüte, insbesondere der Tag des Heiligen Urban (25. Mai), die Anlass zum Feiern gab. Dann hatten die Reben die letzten Frostnächte des zurückliegenden Winters überstanden. Doch immer wieder kam es vor, dass die Reben dann im Sommer durch Hagel massiv geschädigt wurden. Man hatte sich also oft genug viel zu früh gefreut. Deshalb setzte sich im 19. Jahrhundert der Herbst als die Zeit durch, den Wein zu feiern und fröhlich zu sein. Vorbild waren die Heilbronner Patrizier.

Sie feierten spätestens seit dem 18. Jahrhundert die so genannten Privatherbste, Feste im familieneigenen Weinberg für den Familien- und Freundeskreis. Bis ins

Wartbergturm

Jahr für Jahr lockt das Heilbronner Weindorf …

… Gäste aus nah und fern in die Käthchenstadt.

19. Jahrhundert hinein galt es bei ihnen als schick, einen Weinberg zu besitzen. Dort stand normalerweise ein etwas größeres, gemauertes Weinberghäuschen. Das waren nicht die normalen Hütten ohne jeglichen Komfort, die den Weinbergwächtern und Tagelöhnern als Schutz vor Wind und Wetter dienten. Nein, hier ist die Rede von richtigen kleinen Häusern, oft den Villen in der Stadt nachempfunden. Hier feierten die notablen Bürger der Stadt ihre Familienereignisse. Zur Weinlese kam man ebenfalls gerne hinaus in die Weinberge, um mit Freunden der Familie den neuen Jahrgang zu begießen. Diese Feste waren heiter. Die Oberamtsbeschreibung aus dem Jahr 1865 weiß darüber Folgendes: „Abends werden da und dort Feuerwerke in den Weinbergen abgebrannt und die Gäste nachmittags mit Kaffee, nachher mit Wein, Trauben und Braten bewirtet."
Der Oberamtmann findet aber auch eine Ursache für die in Jahrhunderten gewachsene Fröhlichkeit der Heilbronner bei der Lese: „Die Hauptbelustigung der Heilbronner ist die Weinlesezeit oder der so genannte Herbst. Nirgends wird die Traubenlese so fröhlich vorgenommen als hier. Wo nämlich ein geringerer Wein wächst als in Heilbronn, da kann man sich seiner nicht so recht erfreuen, und wo ein sehr feiner Wein gezogen wird, wie zum Beispiel am Rhein, da ist er zu kostbar. Dort ist die Weinlese ein sehr sorgenvolles Geschäft."
Bereits 1792, nachdem man auf dem Wartberg ein neues Wirtschaftsgebäude mit größerem Saal erstellt hatte, wurde dieser Ort zum Mittelpunkt des lustigen Herbsttreibens der gesamten Heilbronner Bevölkerung. Damals entstanden die Vereine. Die Privatherbste der reichen Heilbronner wurden zum Vorbild für deren Gesellschaftsherbste, die seit 1842 gefeiert wurden. 1863 kaufte die Stadt die Cäcilienwiese, um dort die Herbstfeiern abzuhalten. Die waren schon damals weit über Heilbronn hinaus berühmt und entsprechend auch von Ortsfremden sehr gut besucht. Selbst der Humorist Wilhelm Busch erzählte später einem gewissen Dr. E. Michelmann von seinem ersten Rausch, den er sich mit „zielbewusster Planmäßigkeit auf dem Herbst angetrunken" habe, sodass er wie „Knopp am Henkel" heimgeführt werden

Karl Seiter, Geschäftsführer der Genossenschaftskellerei Heilbronn-Erlenbach-Weinsberg bewirtet seine Gäste.

musste. Aber Busch erinnert sich noch an mehr: „Zu meiner Zeit kam es auf einem Heilbronner Herbst nicht vor, dass man unverlobt nach Hause kam, noch weniger allerdings, dass man sich am nächsten Tag der Veränderung seines Familienstandes noch entsann."

Nach 1945 wird die Feier des Heilbronner Herbstes zunächst von der Cäcilienwiese auf die Theresienwiese verlegt. Noch in den 1960er Jahren freuten sich die Grundschulkinder auf den Herbst, denn Gutscheine für eine Bratwurst mit „Weckle", ein Getränk, ein Lampion für den Umzug sowie die Teilnahme an einem preisträchtigen Wettbewerb wie Eierlaufen oder Sackhüpfen waren ihnen bis zur vierten Klasse sicher. 1971 verlegte man den Herbst in die Innenstadt. Rund um das Rathaus entsteht seither jedes Jahr das Weindorf, das bis heute jährlich Hunderttausende von Besuchern anlockt. Die Herbstfeiern auf der Theresienwiese wurden ein paar Jahre später ganz eingestellt.

LAUFFEN

Die Geburtsstadt Friedrich Hölderlins

In deinen Tälern wachte das Herz mir auf zum Leben", so rühmte Friedrich Hölderlin den Fluss, der den Anfangs- und den Endpunkt seines Lebens verbindet. Was am 20. März 1770 in Lauffen am Neckar hoffnungsfroh begann, sollte sich zunehmend verdunkeln und schließlich in einem Tübinger Turmzimmer enden, wo Hölderlin die zweite Hälfte seines Lebens verbrachte. 37 lange Jahre. Er starb am 7. Juni 1843. „Hölderlin im Kreisverkehr": hintersinnig-mehrdeutig der Name des vielfigurigen Kunstwerks von Peter Lenk, das am Ortsausgang an den unglücklichen Dichter erinnert und das Spannungsfeld seines Lebens in einer eindrucksvollen Skulpturengruppe einfängt und manchen Autofahrer dazu verleitet, diesen Kreisel mehrfach zu umrunden.

Lauffens hohe Ufer

Steter Tropfen höhlt den Stein. Muschelkalk in diesem Fall; ein Felsriegel in der Neckarschlinge, der vor etwa 2000 Jahren, vom Fluss ausgewaschen und unterspült, dem Druck des Wassers schließlich nachgab und einstürzte. Auf einem der beiden hohen Ufer, die bei dem Durchbruch entstanden, erhebt sich die Regiswindiskirche, benannt nach der Ortsheiligen. Die kleine Regiswindis, Großnichte Karls des Großen, geboren 822, wurde im Alter von sieben jahren von ihrer Amme getötet und vom hohen Felsen in den Fluss geworfen. Es gibt verschiedene Versionen der Sage, deren eine erzählt, dass die Amme die Züchtigung ihres Bruders rächen wollte, einem Stallknecht, den der Graf für eine Unachtsamkeit auspeitschen ließ. Mit einem Lächeln auf dem Gesicht, ohne Spuren der Verwesung wurde Regiswindis Tage nach ih-

Oben: „Hölderlin im Kreisverkehr". „Es geht um die Balance: bei der Dichtkunst, bei der Liebe und bei der Macht", sagt Peter Lenk zu seiner Skulpturengruppe. Auf einem stählernen „H", dessen Horizontale eine Schreibfeder bildet, sind Personen spannungsvoll angeordnet, die Einfluss auf Hölderlins Leben, Wirken und die Rezeption seiner Werke nahmen: Herrscher Carl Eugen auf einem erlegten Hirsch, das Dichterduo Goethe und Schiller, Friedrich Nietzsche auf einem Fahrrad, Diotima und schließlich: Hölderlin. Als Kleinkind und als gebrochener Mann mit gebundenen Händen.

Links: Burg und heutiges Rathaus auf der Lauffener Neckarinsel

rem Tod aus dem Fluss geborgen. Lange schon ereignen sich an ihrem Grab keinerlei Wunder mehr – der silberne Sarkophag, in dem der „corpusculum sanctissimae virginis“ in der kleinen Regiswindis-Kapelle beigesetzt wurde, ist verschollen.

Oben: Ulrich Maile, Vorstandsvorsitzender der Lauffener Weingärtnergenossenschaft

Unten links: Terrassierte Steillagen

Unten rechts: Kosmetikserie aus dem Traubenkernöl des Schwarzriesling

Eine anmutige Neckarbrücke verbindet das „Städtle" und das „Dörfle" Lauffens. Auf diese Brücke stelle man sich in einer Mainacht, wenn Kirche und Burg, das heutige Rathaus, angestrahlt werden. „Nachtigalleninsel" heißt das kleine Eiland, ein Naturdenkmal, dem Vogelschutz gewidmet. Der nächtliche Betrachter der zauberhaften Szenerie kann feststellen, dass die Nachtigallen noch immer ein Lied von der kleinen Regiswindis singen.

Katzenbeißer

Die hohen Ufer, die der Neckar im Laufe der Jahrtausende in den Muschelkalk tiefte, prägen Landschaft und Klima der Stadt, einer der wärmsten Flecken der Bundesrepublik. Sie sind natürlich auch für den Weinbau Lauffens, der größten Schwarzriesling-Gemeinde Deutschlands, bedeutsam. Von rund 500 Hektar terrassierter Steillagen Württembergs fallen 58 Hektar auf Lauffen. „Die Terrassen wurden vor 1200 bis 1000 Jahren angelegt", sagt Uli Maile, Vorstandsvorsitzender der Lauffener Weingärtnergenossenschaft, der die Steilhanglagen gern als Kulturdenkmal dem Schutz der UNESCO überantworten würde.

Katzenbeißer heißt die Lauffener Einzellage, und wie diese wohl zu ihrem Namen kam, darüber wird hier oft und gern spekuliert. Auf den insgesamt 570 Hektar Anbaufläche der Weingenossenschaftler gedeiht der Schwarzriesling ebenso gut wie die große Familie der Burgunderweine, deren Urvater er ist: Grau-, Weiß-, Früh- und Spätburgunder und Samtrot. „Diese Rebsorten lieben das kräftige Schottergestein des ehemaligen Flussbetts", sagt Uli Maile. Entscheidend für die Qualität der Lauffener Weine sei auch der Nagelfluh. In keinem Weinanbaugebiet ist das klastische Sedimentgestein so stark vertreten wie in Lauffen. „Nagelfluh gibt dem Wein einen cremigen, fülligen Charakter."

Übrigens: Der Katzenbeißer gilt auch als Faltenkiller. In keinem Traubenkern findet sich eine so hohe Konzentration an Vitamin P wie in denen des Schwarzrieslings.

Und so findet sich im Angebot der Lauffener Weingärtnergenossenschaft nicht nur kaltgepresstes Traubenkernöl, sondern auch eine Kosmetikserie, die sich, obwohl nicht ganz billig, recht gut verkauft.

„Der eigene Geschmack ist der Schlüssel zur Persönlichkeit der Weine, die man produziert", sagt Michael Schiefer. Der junge Weingärtner, der nach seiner Winzerlehre Musikwissenschaften studierte, übernahm im Jahr 2000 den elterlichen Betrieb. „Es heißt", sagt er, „einen großen Wein mache man nicht, einen großen Wein lasse man werden. Aber das ist nur die halbe Wahrheit. Man muss, wenn auch sparsam, in die Genese eingreifen." Schon bei der Arbeit im Weinberg, so Schiefer, bilde sich eine Vorstellung vom Geschmacksbild des künftigen Weins, schon beim Rebschnitt arbeite man auf ein Geschmacksergebnis hin. Seit fünf Jahren produziert er seine eigenen Weine und sieht in ihrem Reifungsprozess durchaus ein Sinnbild für die persönliche Entwicklung. „Aus unseren Rebsorten spannende Weine machen", lautet das Credo des leidenschaftlichen Sängers, der im Chor der Kantorianer eine äußerst feine Sangeskunst pflegt und auch seinen Beruf als ein Handwerk mit künstlerischer Inspiration begreift.

Michael Schiefer, ein Handwerker mit künstlerischer Inspiration

DAS LEINTAL

Der Leinbach

Hinter Lauffen, wenn die Weinstraße das Neckartal verlässt, bindet sie sich eine kleine Schleife, die über Dürrenzimmern und Nordheim, die Blumensommerstadt, in das Leintal hineinführt. Der hübsche Bach, der dem Tal seinen Namen gab und bei Kleingartach entspringt, vereinigt sich rasch mit zwei weiteren Bächen und verbindet Niederhofen, Stetten, Schwaigern, Leingarten und Frankenbach, um dann in Neckargartach in den Neckar zu münden. Manche Ortsnamen am 25 Kilometer langen Bachverlauf erinnern noch an seinen früheren Namen: die Gartach, die jetzt offiziell Lein heißt, aber allgemein Leinbach genannt wird. Rührigen, streitbaren Naturschützern ist es zu verdanken, dass die Uferregionen inzwischen zu einem wunderbar großen, zusammenhängenden Grüngürtel aus Landschafts- und Naturschutzgebieten zusammengeschlossen wurden.

Leingarten

Windungsreich mäandert die Lein durch die Talaue, trennt und verbindet gleichermaßen Schluchtern und Großgartach, die sich 1970 zu Leingarten zusammengeschlossen haben. Die Namensgebung zeigt, welche Bedeutung man dem Bach beimisst. Außerdem hat man den Schutz, den die Uferwiesen bei Hochwasser geben, genauso erkannt, wie die Notwendigkeit, Biotope zu bewahren. So viele Grundstücke entlang des Bachverlaufs wie möglich werden in Wiesenlandschaft verwandelt. Dem Weinstraßen-Reisenden sei es ans Herz gelegt, dem Weg entlang der Lein, per pedes oder per Rad zu folgen. Er führt mitten durch den reizvollen, alten Ortskern, aber auch mitten durch blühende Natur und vermittelt eine Fülle poetischer Eindrücke. Diese kleine Wanderung führt auch, in Bahnhofsnähe, am „Blauen Adler“ vorbei. Das ist eine von Leingartens Stärken: engagierte, zum Teil preisgekrönte Gastronomie, ob im „Löwen“, im „Blauen Adler“, im „Käsreiter“, in den Besenwirtschaften. Oder in einer Waldschenke, am Wahrzeichen Leingartens, der Heuchelberger Warte.

Weithin sichtbares Wahrzeichen

Graf Eberhard im Bart ließ den 30 Meter hohen Wachtturm im Jahre 1483 errichten. Teil der Landwehr, diente die Heuchelberger Warte zur Beobachtung des württembergischen Landgrabens, eine Verteidigungs- und

Links: Die Heuchelberger Warte diente einst zur Beobachtung des württembergischen Landgrabens

Zolllinie, mit der sich Württemberg gegen seine nördlichen Nachbarn abgrenzte. Sie reichte vom Heuchelberg bis zu den Löwensteiner Bergen, riegelte so das ganze Neckartal ab. Ihre Länge betrug gut 30 Kilometer, wobei ein Teilstück von der natürlichen Grenze des Neckars gebildet wurde. Bis zum Ende des 18. Jahrhunderts diente der Landgraben als Zollgrenze. Heute ist die alte Warte ein beliebtes Ausflugsziel und eine Raststätte für Wanderer, die sich hier mit einer Einkehr in der Waldschenke und mit einem herrlichen Rundumblick über den Kraichgau und das mittlere Neckartal belohnen.

Die Käselaiber vom Hipfelhof

Eine beliebte Tradition Leingartens ist der Käsritt, ein sehenswertes Heimatfest mit großem Umzug und Pferderennen, das alle drei Jahre gefeiert wird. Der Käsritt führt auf einen jahrhundertealten Brauch zurück. Und auf die Geschichte der gütlichen Regelung eines Konflikts um ein Weiderecht auf den Fluren des Hipfelhofs, auf das die Großgartacher ein Anrecht hatten. Eines Tages hatte der Ritter vom Hipfelhof genug davon, sein Land vom Großgartacher Vieh zertrampeln zu lassen. Er befreite sich von deren Weiderecht, indem er ihnen zwei Käselaiber jährlich versprach. Immer zu Pfingsten holten sich nun die Großgartacher Burschen die beiden, etwa 15 Pfund schweren Käserundlinge auf dem Hipfelhof ab und verbanden diesen Ausflug mit einem Wettreiten.

Ein feuriges Spektakel: die Ritterspiele beim traditionellen Käsritt

Nur den Mähdrescher überlassen sie den Männern

Schon als Kind sei sie immer im Stall gewesen, erzählt die junge Winzermeisterin Martina Rössle aus Nordheim. „Für jedes Schwein, das ich auf die Welt brachte, bekam ich zehn Pfennig." Inzwischen ist die 27-jährige ehemalige württembergische Weinprinzessin zu einem Drittel am elterlichen Betrieb beteiligt; Schweinezucht, Acker- und Weinbau. Antje Schollenberger aus Schwaigern, 29 Jahre alt, ist wie Martina auf einem Aussiedlerhof groß geworden. In Schwaigern. Nach ihrer Winzerlehre hat sie in Rüdesheim Weinbau und Önologie studiert und ist jetzt bei ihren Eltern angestellt. Frauen, sagen sie, seien im Winzerberuf noch immer die Ausnahme. „Die gucken schon, wenn wir kommen!" Aber sie fühlen sich von ihren männlichen Kollegen voll akzeptiert. Vielleicht gibt es Umstände, die ihre Berufswahl begünstigt haben? Zum Beispiel haben beide Familien keinen männlichen Nachwuchs. Antje ist die Ältere von zwei Schwestern und Martina die Jüngste von dreien. Bei beiden spielen die Väter eine große Rolle. Väter, die die Töchter früh in die Arbeit auf dem Hof und in den Weinbergen mit einbanden, ihnen dabei viel zutrauten und sich nicht aufregten, wenn mal etwas schief ging. Und die ihnen nun, ganz selbstverständlich, eine gleichberechtigte Mitverantwortung für die Betriebe übertragen haben. Als junge Mädchen schon lenkten sie den Schlepper, fuhren die Heftmaschine durch die Reihen der Rebstöcke, um die Triebe hochzubinden. So etwas stärkt nicht nur das Selbstbewusstsein, „es macht auch wahnsinnig viel Spaß", sagt Martina. „Wenn die Maschinen funktionieren", gibt Antje zu bedenken, fügt aber gleich hinzu: „Kleine Reparaturen erledigen wir selber und sofort." Schließlich war ein Reifenwechsel am Anhänger eine Aufgabe in ihrer Gesellenprüfung.

Manchmal fragt man ihre Eltern, wie sie es geschafft hätten, ihre Töchter zum Winzerberuf zu bewegen. Antje und Martina, die beide eine wunderbare Stärke ausstrahlen, würden sich niemals zu etwas bewegen lassen, was sie nicht selber wollten. Winzerin zu werden, war ihre ganz eigene, freie Entscheidung. Weil sie das Leben im Weinberg lieben. „Es ist ein Teil von uns."

Beide sind „Traubenproduzenten und Vollablieferer bei der Heuchelberg Kellerei". Der Ausbau des Weines liegt nicht in ihren Händen. Antje bedauert das ein bisschen. „Ich vermisse den Keller", sagt sie. Martina nicht: „Draußen. Ganz alleine, für mich. Der Kuckuck. Die Lerche. Alles, was da draußen fliegt und summt. Ich gucke oft in die Ferne und denke: ‚S'ist so schee.'"

Auf beiden Höfen wird auch Getreide angebaut. Und den großen Mähdrescher, den gewaltigen John Deere, den überlassen beide dann doch ganz gerne den Männern.

Martina Rössle und Antje Schollenberger

Eine Radtour entlang der Lein: entspannend und idyllisch

Der gute Keuperboden

Mittlerer Keuper, auch Gipskeuper genannt, bestehend aus Sandsteinhorizonten, Gipsablagerungen, tonigem Schluff und den so genannten bunten Mergeln, bildet den Untergrund der Weingärten des Heuchelbergs. Gelegentlich stößt man hier bei Spaziergängen noch auf Gruben, aus denen frühere Wengerter-Generationen die lockeren Mergelknollen unter dem Schilfsandstein ausgelöst haben, um die Böden ihrer Weingärten damit anzureichern. „Aufmergeln" nannte man diese Naturdüngung mit einem mineralstoffhaltigen, wasserdurchlässigen, Wärme speicherndem Gestein. Aus diesem Boden zieht der Lemberger seine Wärme und sein Feuer, die angestammte Rebe des Heuchelbergs und das wichtigste Produkt der Heuchelberg Kellerei in Schwaigern, die für diesen anspruchsvollen Wein die südlichen und die steilen Lagen reserviert.

Attraktiv auch für das jüngere Publikum, die Heuchelberg Kellerei in Schwaigern

Hier werden die Uhren nach dem Wein gestellt

Mit einer Anbaufläche von 620 Hektar gehört die Heuchelberg Kellerei zu den größten Weingärtnergenossenschaften Württembergs, zu der neben Schwaigern mit seinen Teilorten auch Leingarten, Nordheim und Eppingen gehören. Grafenberg und Sonntagsberg heißen die Einzellagen der Genossenschaft, die jährlich fünfeinhalb Millionen Liter Wein produziert und 16 Millionen Euro umsetzt. „Wein ist ein Naturprodukt und soll es auch in Zukunft bleiben", sagt Geschäftsführer Gerd Silbernagel, der die Heuchelberg Kellerei als im besten Sinne wertkonservativ bezeichnet. Das heißt nicht, dass man sich hier Experimenten und Neuem verschließt: Die Schwaigerner waren Vorreiter im Anbau der neuen Sorte Acolon. Und ein Renner im Angebot ist Sekt aus kaltgegorenem Gewürztraminer. Im Übrigen gilt in der Heuchelbergkellerei wie in allen Weinbaubetrieben: „Den Wein schert's wenig, was die Uhr zeigt, er wächst, wie's der Natur gefällt, drum werden hier bei uns in Schwaigern die Uhren nach dem Wein gestellt."

Schwaigern

„Ein Künstler, der nahezu ein halbes Jahrhundert in einer Gemeinde wohnt, muss fast zwangsläufig Spuren dort hinterlassen haben“, so der Heimatforscher Werner Clement zum Wirken des Künstlers Josef de Ponte in Schwaigern, der hier neun öffentlichen Gebäuden mit ausdrucksstarken Glaswänden, Mosaiken, Malereien seinen unverwechselbaren Stempel aufgedrückt hat. Der Künstler, 1922 in Budapest geboren und 1946 aus Ungarn vertrieben, hatte sich 1965 in Schwaigern niedergelassen. Eindrucksvoll, das Zeugnis seiner Kunst zum Beispiel in der katholischen Martinskirche. Zehn Fenster anzulegen, jeweils lediglich 80 Zentimeter breit, aber bis zu zehn Meter hoch, das ist eine große gestalterische Aufgabe und wie de Ponte diese löst, ist unbedingt bewunderungswürdig. Jedes der Fenster zeigt im unteren Drittel einen Abschnitt vom Glaubensbekenntnis. Lange mag man hier verweilen, berauscht vom Licht, das sich in den Mosaiksteinen aus buntem Glas bricht, ordnet und mit seinen Linien, so der 2006 verstorbene Künstler, „hineinruft in jene Unruhe und Sehnsucht unseres Herzens, die nur in Gott Heimat findet“.

Der Tod einer Heiligen und der Tod eines Malers

Ein Besuch der besonderen Art ist auch die Besichtigung der bedeutsamen Johanneskirche, mit deren Bau um 1200 begonnen wurde. Vieles ließe sich zu den außerordentlichen Steinmetzarbeiten, den vorreformatorischen Altären sagen und auch zu den beiden Linden, die den Westeingang der Kirche flankieren und als Naturdenkmale ausgewiesen sind oder zu der Achtsamkeit, die den Falken entgegengebracht wird, die alljährlich im Turm nisten. Doch hier sei lediglich auf den Barbara-Altar nä-

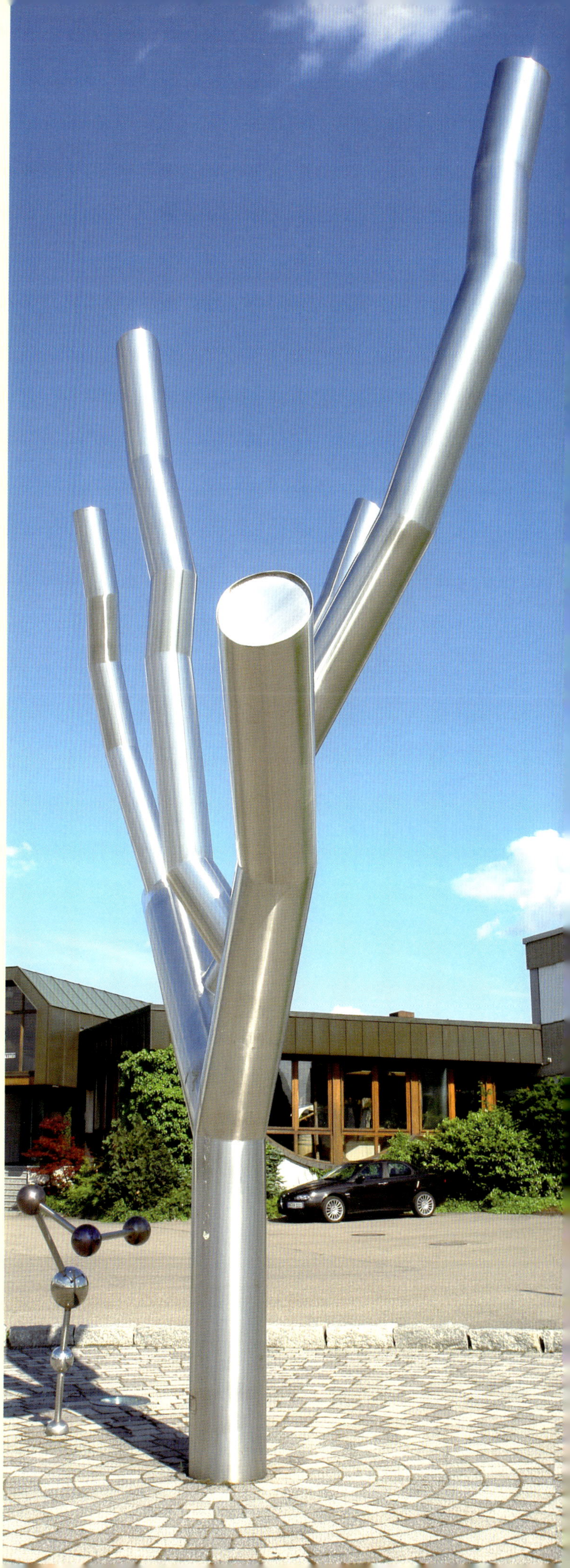

„Weinrebe“ vor dem Kellereigebäude

her eingegangen. Gleich doppelt begegnet dem Betrachter dieses Triptychons übergroßes Leid. Zum einen das der Heiligen Barbara, die von ihrem Vater grausam gefoltert und schließlich eigenhändig getötet wurde. Zum anderen das des Schöpfers dieses ergreifenden Kunstwerks: Jörg Ratgeb (1480 – 1526), der, da er sich für die Bauern im Bauernkrieg engagiert hatte, in Pforzheim gevierteilt wurde. Der Barbara-Altar in Schwaigern, als Meisterwerk süddeutscher Frührenaissance gerühmt, entstand 1510 und ist der einzige Altar Ratgebs, der sich noch am Originalplatz befindet. Ein berührendes Kunstwerk, das dem Betrachter Herz und Magen zusammenkrampft.

Auch in und um Schwaigern ist ein Spaziergang entlang der Lein ein Erlebnis, nicht nur, weil man dabei im Leintal-Zoo landet, ein Muss, wenn man mit Kindern unterwegs ist. Allerdings sollte man Ersatzkleidung einpacken – die Matschkuhle auf dem Spielplatz ist einfach super. Dieser kleine Zoo inmitten von viel Natur beherbergt die größte Schimpansengruppe Deutschlands. Zweimal täglich werden sie gefüttert – und dann ist hier wirklich was los!

Links: Kiliansfest in Schwaigen
Rechts: Stadtkirche mit dem Barbara-Altar von Jörg Ratgeb
Unten: Rathaus

Das Zabergäu

In der schwäbischen Toskana

Bei Zaberfeld entspringt die Zaber, die bei Lauffen in den Neckar mündet und auf ihrem Weg eine Gegend durchfließt, die zu den reizvollsten des Landes zählt: das Zabergäu. Es wird von den Höhenrücken des Strombergs und des Heuchelbergs flankiert, die sich als zwei Keile gen Westen schieben und bei Sternenfels zusammentreffen. Je tiefer man in das Zabergäu vordringt, desto enger wird das Tal. Immer ursprünglicher werden Landschaft und Menschen, immer verträumter die Dörfer. Bisweilen scheint es, als sei die Zeit hier stehen geblieben. „Klein-Italien" lautet die liebevolle Bezeichnung der Einheimischen für diese anmutige Gegend. Manche nennen es auch „Zaubergäu".

Wo der heilige Bonifazius den Teufel zum Teufel jagte

Wahrzeichen und Wächter des Zabergäus und mit 394 Metern über N.N. auch seine höchste Erhebung ist der Michaelsberg, auf dem eine kleine Kirche hockt. „Wie eine Krone", sagen die einen. „Wie ein Huhn auf seinen Eiern", sagen andere. Hier oben soll einst der heilige Bonifazius den Leibhaftigen, dem es im Zabergäu allzu gut gefiel, zum Kampf gefordert haben. Mit der tatkräftigen Unterstützung des Erzengels Michael gelang es dem Heiligen, den Teufel zum Teufel zu jagen. „Blau und grün", behauptet Eduard Mörike, habe der Erzengel den Beelzebub gewürgt. Die goldene Feder, die Michael im Kampf verlor und die mittels gar nicht feiner Methoden vom Michaelsberg nach Stuttgart geriet, soll – davon nun wiederum ist Justinus Kerner überzeugt – der Grund für die im Schwabenland übliche „Vielschreiberei" sein.

Oben: Weite Felder und weinbewachsene Hügel prägen die Landschaft des Zabergäu
Links: Theodor Heuss Museum in Brackenheim
Rechts: Badevergnügen, idyllisch und abseits gelegen

Das „abseitige Oberamtsstädtchen" Brackenheim

„Das Zabergäu zwischen den bewaldeten Höhenzügen des Heuchel- und des Stromberges ist ein angenehm bewegtes, breites Tal mit fruchtbarem Ackerboden und mit reichem Weinbau an den Hängen", so beschreibt Theodor Heuss die Landschaft, in die er am 31. Januar 1884 als Sohn eines Straßenbaumeisters hineingeboren wurde. „Recht brav" und vornehmlich in Mädchenröcken habe

er die ersten Jahre seines Lebens in der ländlichen Umgebung des „abseitigen Oberamtsstädtchens" Brackenheim verbracht. Als er sechs Jahre alt war, siedelte die Familie nach Heilbronn um. Wie sehr die württembergische Heimat den Journalisten, Publizisten und ersten Präsidenten der Bundesrepublik Deutschland prägte, zeigt das Thema seiner Doktorarbeit, die er im Alter von nur 21 Jahren als jüngster Doktorand der Münchner Staatswissenschaftlichen Fakultät abschloss: „Weinbau und Weingärtnerstand in Heilbronn am Neckar." Anlässlich des 100. Geburtstages der Erstausgabe wurde die Dissertation neu aufgelegt.
Mit bescheidenem Stolz präsentiert Brackenheim seine romantische Altstadt mit vielen Fachwerkhäusern, einem sehenswerten Renaissance-Schloss, das einst den württembergischen Herzögen als ehemaliger Witwensitz diente, einem Rokoko-Rathaus, der frühgotischen Stadtkirche Sankt Jakobus, der spätromanischen Basilika Sankt Johannis und dem Theodor Heuss Museum. Zahlreiche Ausstellungen und Vorträge halten die Erinnerung an den hochverehrten, großen Sohn der Stadt lebendig.

Schau- und Verkaufsraum in der neuen Weinwelt der Weingärtner Brackenheim

Die größte Weinbaugemeinde Württembergs

Mit den Ortsteilen Botenheim, Dürrenzimmern, Haberschlacht, Hausen an der Zaber, Meimsheim, Neipperg und Stockheim besitzt Brackenheim eine Anbaufläche von 825 Hektar und ist hinsichtlich des Weinbaus ein Ort der Superlative: größte Weinbaugemeinde Württembergs, größte Rotweingemeinde Deutschlands und größte Lemberger-Gemeinde der Welt. Etwa vier Millionen Rebstöcke stehen in den Weinbergen stramm, drei Weingärtnergenossenschaften und 34 Selbstvermarkter produzieren etwa 200 verschiedene Weinsorten.

Weingärtner Brackenheim

Die „Weingärtner Brackenheim" sind mit einer Lagerkapazität von 8,5 Millionen Liter Wein die größte der drei Weingärtnergenossenschaften der Gemarkung. Viel Vertrauen setzt man hier in große Holzfässer. So viel, dass man 2005 einen großen Umbau wagte, um noch mehr Platz für die Holzfässer zu schaffen – das mächtigste der hölzernen Behältnisse fasst über 10 000 Liter. Der gesamte Gebäudekomplex wurde im Zuge der Erweiterung umgestaltet. Die Leistung des Architekten, der aus dem Ensemble einzelner Gebäude ein stimmiges, ästhetisches, hochmodernes Ganzes schaffte, ist bemerkenswert. Ein Besuch der Weingärtnergenossenschaft, die als die derzeit schönste in Württemberg gerühmt wird, ist ein Erlebnis. Zumal eine große Glastür einen Einblick in das Herzstück der Kellerei gewährt: ein gut gekühlter und befeuchteter Raum, in dem 100 Barriques lagern. Speziell Regent, Acolon und Lemberger werden in den Fässern zur Reife gebracht, ihre Taminstruktur weiterentwickelt. Der Signum zum Beispiel, der Imageträger der Weingärtner Brackenheim: ein Lemberger, der auf ausgesuchten alten Rebanlagen angebaut wird, deren Ertrag auf 45 Kilogramm pro Ar reduziert wird, also auf sechs bis sieben Trauben pro Rebstock. Eine Mindestreife und Lagerzeit von 18 bis 24 Monaten garantiert die Genossenschaft dem Käufer.

Die vier Baritone von BariQ haben sich der A-cappella-Musik verschrieben: Friedrich Frey, Rainer Burghardt, Marcus Plehn und Joachim Hartmann. Ihr Name ist eine Anspielung auf die Weinlieder in ihrem Repertoire.

Seite 72: Gut aufgestellt – Kellermeister Friedrich Hammel, Geschäftsführer Thilo Heuft-Röser, sein Vorgänger Hermann Alt und Vorstand Rainer Lang

WEINGÄRTNER
BRACKENHEIM

Moderne Architektur lädt ein zu den Weingärtnern Cleebronn-Güglingen

Güglingen – eine Stadt wird zum Gesamtkunstwerk

1975 hatte man den renommierten Stuttgarter Kirchenbaumeister Heinz Rall nach Güglingen geholt, mit dem Auftrag, die Mauritiuskirche, die zu der Zeit eher einem „sibirischen Bahnhof“ geglichen haben soll, umzugestalten. Beim Viertele mit dem damaligen Bürgermeister Manfred Volk skizzierte der 2006 verstorbene Architekt auf einer Serviette seine spontanen Ideen, wie man die mittelalterliche Zehntscheuer in eine repräsentative Bank umgestalten könnte und rettete sie damit vor dem sicheren Abbruch. Und so mündete, was als Renovierung einer Kirche begonnen hatte, in die komplette Sanierung des Stadtkerns, unter der Federführung des Architekten- und Künstlerehepaares Heinz Rall und Ursula Stock. Die beiden sollten sich mit ihren Visionen einer Verbindung von Kunst und Architektur im Stadtraum als besonderer Glücksfall für Güglingen erweisen. Heinz Rall, der Kunst nicht als „nachträgliche Applikation, sondern als integrierten Bestandteil des Stadtraumes“ verstand, hatte

Bürgermeister Klaus Dieterich und die Württemberger Weinprinzessin vor dem Weinbrunnen der Künstlerin Ursula Stock in Güglingen

zahlreiche, namhafte Künstler in die Planung einbezogen, Sponsoren gesucht, viele Werke selbst gestiftet oder der Stadt als Leihgabe überlassen. „Kunst floss beim Werden der neuen Mitte überall mit ein“, sagt der ehemalige Stadtrat Horst Seizinger mit einem Blick auf Gunther Stillings monumentale Sphinx, auf den wilden Bacchus von Jürgen Goertz und: den üppigen Weinbrunnen von Ursula Stock. Auf dem Deutschen Hof, vor Güglingens guter Stube, der Herzogskelter, sprudelt hier bei besonderen Anlässen aus Trauben, Brüsten und Mündern der Brunnenfrauen zeitweilig tatsächlich Wein. Künstlerische Details durchziehen die Stadt wie ein Muster: Türgriffe, Ladenschilder, Mosaiken. Städtebau, Architektur und Kunst verweben sich hier zu einer beeindruckenden Einheit.

Rechts: Weinbrunnen
Ganz rechts: „Wilder Bacchus“

Freizeitspaß in den Weinzubern im Freizeit- und Erlebnispark Tripsdrill

Wahrzeichen und Wächter des Zabergäus: der Michaelsberg

Bevor die Alemannen kamen

Apropos Mauritiuskirche: Sie birgt einen besonderen Kunstschatz: das Güglinger Palmtuch. Es wurde von 40 modernen Künstlern gestaltet, in Erinnerung des Palmtuchs, das dem verheerenden Stadtbrand zum Opfer fiel, der in der Mitte des 19. Jahrhunderts große Teile der Stadt vernichtete und auch die Mauritiuskirche in Mitleidenschaft gezogen hatte. Als man diese im Jahre 1851 wieder aufbaute, fand man unter ihrem Fundament einen römischen Viergötterstein, altes Straßenpflaster und Skelette. Einer von vielen Hinweisen, dass sich in dieser Gegend einst eine großflächige Römersiedlung befunden hatte. Dieser „Vicus Güglingen" wurde ab 1999 freigelegt und denkmalpflegerisch gesichert. Wertvolle Funde – unter anderem ein Mithras-Tempel – werden ab 2007 im alten Rathaus im „Römermuseum" ausgestellt. Ein Altar wurde zu Ehren der Mondgöttin Luna auf dem Michaelsberg errichtet. Minerva, Vesta, Vulkanus und Herkules huldigte man auf dem Stocksberg. Eine Jupiter-Gigantensäule fand man in Hausen. Die vollständige Anlage eines römischen Gutshofes grub man in Lauffen aus: die Villa rustica, ein einzigartiges Freilichtmuseum hoch über dem Neckar. Hier fand man auch ein Rebmesser: ein Beleg dafür, dass in dieser Gegend bereits im zweiten Jahrhundert nach Christi Wein angebaut wurde.

Vom „kontrollierten Nichtstun"

Das Weingut der Familie Wachtstetter ist in der traditionsreichen Gastwirtschaft „Adler" in Pfaffenhofen zuhause. Spanferkel gilt als besondere Spezialität des Hauses, das an drei Wochenenden monatlich geöffnet ist. Die Kinder von Anette und Rainer Wachtstetter heißen Felix, Louis und Anna – alte Namen, die in der Familie seit Generationen weitervererbt werden, genauso wie diese auffallend leuchtenden, dunklen Augen. Ein Erbe der französischen Vergangenheit; die Ahnen Wachtstetters waren waldensische Glaubensflüchtlinge. Unweit von Pfaffenhofen liegen Großvillars im Kraichgau und Nordhausen im Zabergäu: zwei Ortschaften an der Württemberger Weinstraße, die von Waldensern errichtet wurden, nachdem man diese 1798 aus dem Piemont vertrieben hatte. Louis, Anna und

Felix tauchen auch als Namensgeber in der Kollektion Wachtstetter auf. Und den typischen Waldensernamen „Combe“, genauer gesagt „Ernst Combé“, trägt eine der Serien: ein Lemberger, gewachsen auf den besten Lagen des Wachtstetter'schen Weingutes, den kargen, mineralhaltigen Schilfsandsteinhängen des oberen Zabergäus.
Auf herkömmliche, schonende Weise keltert Rainer Wachtstetter „einen Wein mit individuellem Charakter, wie er nur hier wachsen kann“. Aber der Boden sei nicht alles, sagt Wachtstetter, übrigens einer der fünf Weingärtner, die sich zu „Junges Schwaben“ zusammengeschlossen haben. „Das Klima, die Hand des Winzers, sein Fingerspitzengefühl – alles zusammen macht den guten Wein.“ Die Voraussetzung dafür seien immer optimale Trauben. Dann sei das Keltern im Grunde genommen nur noch ein „kontrolliertes Nichtstun“.

Einer der fünf Jungen Schwaben: Rainer Wachtstetter mit seiner Familie beim Picknick in den Weinbergen

MAULBRONN

Klein aber fein – der Naturpark Stromberg-Heuchelberg

Bei Sternenfels laufen die mächtigen Keuperschichten zusammen, die die Höhenzüge vom Stromberg und vom Heuchelberg bauen. In der Nähe der Stadt der Sandbauern, die den hier anstehenden Stubensandstein in Sandmühlen zerrieben und ihn als Scheuermittel für Holzfußböden verkauften, entspringen Metter, die der Enz entgegeneilt und Kraichbach, den es rheinwärts zieht. Hier verlässt die Weinstraße das Zabergäu, tritt in den Kraichgau ein, setzt ihren Weg durch den Naturpark Stromberg-Heuchelberg fort. 1980 als dritter Naturpark Baden-Württembergs gegründet, gehört er mit seinen 330 Quadratkilometern zu den kleinsten, deutschen Naturparks. Ausgedehnte, alte Eichen- und Buchenwälder, historische Weinberganlagen, Streuobstwiesen, Grünland und zahlreiche Fließgewässer, Stauseen und Teiche: Der gesamte Naturpark wurde als Natura 2000-Gebiet unter den Schutz der europäischen Union gestellt. Für den Reisenden entlang der Weinstraße gibt es hier nur eins: Aussteigen! Wandern! Zum Beispiel auf dem bezaubernden, 14 Kilometer langen Rundwanderweg, der in Häfnerhaslach beginnt und endet, an der Metterquelle und den Überresten der berühmten Kanzelbuche vorbeiführt, zum Rittersprung. Von hier aus soll sich der Ritter von Sternenfels im Jahre 1581 mit einem kühnen Sprung vor seinen Verfolgern gerettet haben.

Auf dem Weg liegt auch der idyllische Füllmenbacher Hof, heute ein Wanderheim des Schwäbischen Albvereins. Er wurde 1152 erstmals urkundlich erwähnt. Früher gehörte er zum Kloster Maulbronn und wurde von Laienbrüdern bewirtschaftet. Diesen gebührt die Ehre,

Links: Blick in den Kreuzganggarten
Oben: Überm Brunnenhaus, Hesse und Hölderlins Klassenzimmer, der große Hörsaal
Unten: Renate Fürner, Klostermanufaktur

Rechts: Schmied beim mittelalterlichen Markt im Klosterhof
Unten: Madonna in der Klosterkirche
Ganz unten: Brunnendetail
Seite 81: Brunnenkapelle im Kloster Maulbronn

die einst so wilde Gegend urbar gemacht zu haben. Bereits im 12. Jahrhundert hatte das Kloster rundum ertragreiche Mustergüter angelegt. Doch nicht die Mönche haben die körperliche Schwerstarbeit der Rodung verrichtet. Es waren die untergeordneten Laienbrüder, die Weingärten anlegten, Weiher pflegten, Gemüse und Kräuter züchteten und sich für die karge Mahlzeit, für das Dach über dem Kopf schunden. Ihnen mag die zisterziensische Losung „ora et labora“ ganz anders in den Ohren und Gelenken geklungen haben als ihren Herren. Ihrer sei gedacht, angesichts der besonderen Schönheit dieser Kulturlandschaft am Rande des Kraichgaus.

Vom Atem der Geschichte angeblasen

Überwältigend – das ist ein Wort, mit dem man vorsichtig umgehen muss. Aber wenn man das ehemalige Zisterzienserkloster Maulbronn beschreiben will, muss man sich eines großartigen Wortes bedienen.

Gerühmt als die am besten erhaltene Klosteranlage nördlich der Alpen, steht die Gesamtanlage seit 1993 unter dem Schutz der UNESCO. Immer noch umgibt eine rund ein Kilometer lange Wehrmauer den nahezu vollständigen Komplex mit seiner Abtei, der Kirche, den Scheuern, Werkstätten, Stallungen. „Eine kleine Welt, die Idylle an Idylle reiht, eine Welt, die doch nicht klein ist, weil der Atem der Geschichte sie anbläst“, schrieb Theodor Heuss über das Kloster, dessen Geschichte in der Mitte des 12. Jahrhunderts begann, als Zisterziensermönche in den Ausläufern des Strombergs, in Wiesen- und Wäldereinsamkeit des Salzachtals, dennoch unweit der ehemaligen Römer- und Reichstraße, mit dem Bau einer drei-

schiffigen, romanischen Basilika begannen, die sie 1178 der Gottesmutter weihten.

Man hüte sich davor, das gesamte Ensemble mit all seinen Details auf einmal erfassen zu wollen. Maulbronn muss man sich in kleinen Portionen erschließen. Immer wieder kehre man hierher zurück, um zu staunen. Zu Ostern zum Beispiel, wenn der alte Magnolienbaum blüht, in dem vom Kreuzgang umschlossenen Hof. Oder man versuche, diesen einen Vormittag im Jahr abzupassen, um die Sonnenwende, wenn durch ein rotes Fenster der Klosterkirche das Licht direkt auf den Gekreuzigten fällt und ihn geradezu magisch erleuchtet.

Kunsthistorisch Interessierten begegnen hier alle Stilrichtungen von der Romanik bis zur Spätgotik. Spannend auch die Geschichte des Klosters. Angefangen bei der Legende von dem Esel, der den Mönchen geholfen haben soll, eine geeignete Stelle für den Bau zu finden, über die gewaltsamen Streitigkeiten, mit denen die Herren von Enzberg versuchten, sich das Kloster anzueignen, bis zu Herzog Ulrich, der das Kloster im Jahre 1504 nach siebentägiger Belagerung eroberte.

Oben: Klosterkirche Maulbronn
Links: Doppelsäulen im Laienrefektorium, dem Speisesaal der Laien

„Kaderschmiede des württembergischen Geisteslebens“

Sein Sohn, Christoph von Württemberg, offensichtlich ein Mann mit Weitblick, der bereits im 16. Jahrhundert erkannte, dass Reichtum und Zukunft Württembergs in der Bildung lägen, richtete hier 1556 ein theologisches Seminar ein, um begabten Landeskindern, ungeachtet ihres Standes und ihrer finanziellen Möglichkeiten, unterstützt von Stipendien, eine gute Bildung zu ermöglichen. Die Seminare Blaubeuren und Maulbronn, zwei der 13 Schulen, die Herzog Christoph einrichtete, existieren bis auf den heutigen Tag; spürbar der Genius loci des Seminars. „In einem der feierlichen Kreuzgänge über sprachliches, religiöses, über Kunst ect. zu disputieren, hat einen besonderen Reiz“, schrieb der Seminarist Hermann Hesse 1891, der im Übrigen in Maulbronn trotzdem nicht glücklich war und die Schule bereits nach fünf Monaten wieder verließ. Im Schulzimmer über dem Brunnen hat auch Hölderlin lateinische Verben durchkonjugiert, ein Weiterer auf der eindrucksvollen Liste berühmter Männer, die hier lernten oder unterrichteten. Johannes Kepler, Georg Herwegh, David Friedrich Strauß, Friedrich Theodor Vischer, Hermann Kurz – unbequeme, geistig unabhängige Querdenker, die den Charakter einer der Schulen formten, ohne die, so Heuss „das Schwäbische in seiner besonderen Prägung“ nicht vorstellbar wäre.

Der Theologe Tobias Küenzlen versieht das Amt des Schulleiters, des Ephorus, in dieser traditionsreichen Ins-

tution, die jüngst ihren 450-jährigen Geburtstag feierte. „Seminar“, sagt er, „leitet sich von dem Wort Samen ab.“ Ganzheitlich die Bildung, die er den Schülern geben möchte, eine Förderung der intellektuellen, seelischen und moralischen Kräfte. 50 Internatsschüler und seit 1972 auch Schülerinnen absolvieren hier, in familiärem Miteinander, die neunte und zehnte Klasse, bevor sie nach Blaubeuren wechseln, wo sie ihr Abitur machen.

Der Faustturm

War Johann Faust ein Arzt? Ein Philosoph, Wunderheiler, Alchemist und ernst zu nehmender Sterndeuter? Oder war er ein betrügerischer Scharlatan? Oder war er sowohl das eine als auch das andere? Wahrscheinlich ist, dass er um 1480 als Georg Faust in Knittlingen geboren wurde und im Alter von etwa 60 Jahren „elendiglich“ bei dem Versuch starb, Gold herzustellen. Eine Explosion zerriss ihm Körper und Leben, während seine Seele, da war man sich sicher, der Teufel geholt habe. Im „Hotel zum Löwen“ in Staufen, heißt es, habe das irdische Vagantenleben des Doktor Faustus sein dramatisches Ende gefunden. Doch Ruhe ward ihm nicht beschert: Seit dem 16. Jahrhundert irrt er durch Tragödien, Opern, Romane, Puppenspiele, Volksbücher, Gedichte und Filme. Die Auseinandersetzung mit Teufelspakt und Faust'schem Erkenntnisstreben, mit dem „was die Welt im Innersten zusammenhält“, sollte auch Goethe beschäftigen, 60 Jahre lang.

Links: Faustturm
Unten: Ephorus mit Seminaristen im Ephoratsgarten

Vaihingen-Enz

Die unvermutete Poesie versteckter Winkel

Blond ist das Land, rund um Vaihingen. Jedenfalls im Sommer, wenn das Korn reif ist. Ein Sommer- und Sonnensymbol bildet auch den Mittelpunkt der Stadt. „Lasset die Sonne nicht über Eurem Zorn untergehen" – lautet die Inschrift des Löwenbrunnens, dem Mittelpunkt der Stadt an der Enz. Der Löwe war das Wappentier des Grafen Gottfried von Vaihingen, der die Stadt Anfang des 13. Jahrhunderts planmäßig anlegte. Der Blick, den man vom Marktplatz aus auf Rathaus, Stadtkirche und das alles beherrschende Schloss auf seinem Berg genießt heißt „Vaihinger Dreiklang". Ein heller Durakkord, dieser Blick. Der Dreiklang wiederholt sich in der witzigen, hochbeinigen Skulpturengruppe: Drei „Walkmen" laden zum Flanieren ein. Kleine, individuelle Läden in der Fußgängerzone. „Jede Tat beginnt mit einem Traum" steht auf einem Plakat in einem Schaufenster. Wie im Traum fühlt man sich auch auf diesem Spaziergang: Stadtmauerreste, kleine Gassen und die unvermutete Poesie versteckter Winkel. Fachwerk, das sich hangaufwärts stapelt. Mauergärten, Ziegeldächer und der Pulverturm. „Das kalte Loch" heißt ein Anwesen, in dessen

Links: Der Löwe – das Wappentier des Grafen Gottfried von Vaihingen; jährlich im Frühjahr werden auf Schloss Kaltenstein die besten Lemberger-Weine mit dem Vaihinger Löwen ausgezeichnet.
Rechts: Stadtansicht Vaihingen an der Enz

Burg

rauchgeschwärzten Balken man noch immer den Brandgeruch der verheerenden Feuersbrünste wahrzunehmen meint, die im 17. Jahrhundert die Stadt heimsuchten. Überall lässt sich das Früher ablesen, reden Steine eine beredte Sprache.

Frei schwebend und dennoch gehalten

Poesie umfängt den Besucher auch in der Steinbeißstraße, bei der Künstlerin Traute Schiffer-Rentschler. Große, weiße Windobjekte wiegen sich in ihrem Garten an langen Metallhalmen, hängen in den Ästen des alten Kirschbaums. Formen, die Federn, Blumen und Tänzern nachempfunden wurden. Sie üben sich hier in der schönsten aller Existenzformen: frei schwebend und dennoch gehalten. Im Atelier lagern Gartenschläuche in verschiedensten Ausführungen, die die vielseitige Künstlerin gerade zu exquisiten, originellen Halsketten verarbeitet. Hunderte von Quadratmetern Stoff und Folie dürfte die Künstlerin, die ihre, zum Teil riesigen Objekte, auch an der Nähmaschine herstellt, im Laufe ihrer bisherigen Tätigkeit verarbeitet haben.

Den Malgrund für ihre Serie kleinformatiger Bilder bilden Fotos, die sie in den Weinbergen zwischen Lauffen und dem Vaihinger Teilort Rosswag aufnahm. Sie wurden mit Transparentpapier überzogen, übermalt, durch eine Collagetechnik verändert. Manche Fototeile schnitt Traute Schiffer-Rentschler heraus, ersetzte sie durch andere Materialien und schuf auf diese Weise eine Vielzahl sehr unterschiedlicher Darstellungen des Weinbergs, orientiert am Gegenständlichen oder auch ganz und gar abstrahiert.

Im Garten der Künstlerin Traute Schiffer-Rentschler wiegen sich große, weiße Windobjekte an langen Metallhalmen

Die Bonbonfabrik Jung befindet sich im Ortsteil Kleinglattbach. Ein Besuch im dortigen Bonbonmuseum lohnt sich für groß und klein.

Die größte Weinpresse Süddeutschlands

Vaihingen hat acht eingemeindete Ortsteile. Ensingen zum Beispiel, mit seiner berühmten Mineralquelle. Kleinglattbach kann mit einem Bobonmuseum aufwarten. Hier kann man sich über die Geschichte der Zuckergewinnung informieren und anschauen, wie Zucker und Glucose zu einer zähen Masse verrührt und dann zu Bonbons gepresst werden. Im Erdgeschoss befindet sich ein Verkaufsraum der Bonbonfabrik Jung. Naschkatzen sollten keinesfalls versäumen, sich eine Tüte mit Erdbeer-Schaumküssen mitzunehmen.

Mit einem Gewicht von über 50 Tonnen ist die historische Weinpresse im Horrheimer Weinmuseum eine der größten Süddeutschlands. Besonders interessant ist ein Blick in die komplett eingerichtete Küfer-Werkstatt. Gestapelte Fassdauben, der Fügbock, zahlreiche Werkzeuge und Werkstücke – man hat den Eindruck, als habe der Meister gerade eben seinen Hobel aus der Hand gelegt.

Horrheimer Weinmuseum mit Spritzbutten, Weinpresse und historischen Holzfässern

BESIGHEIM

Bezaubernde Schönheit hoch über Neckar und Enz

Eine der schönsten Stadtsilhouetten entlang der Württemberger Weinstraße ist die der Stadt Besigheim. Malerisch erhebt sie sich auf der lang gestreckten Anhöhe, hoch über Neckar und Enz, die hier zusammentreffen. Charakteristisch für das eindrucksvolle Panorama der Altstadt, die vollständig unter Denkmalschutz steht, sind die Obere Burg, das Rathaus sowie der Waldhorn- und der Schochenturm. Die beiden trutzigen Rundtürme sind die ältesten Baudenkmäler der Stadt, deren Gründung in die Zeit der Staufer fällt. Um 1200 wurde sie mit dem Marktrecht ausgestattet.

Es ist ein eigenartiges Gefühl, am Fuße der Stadt auf der B 27 entlangzufahren. Denn hier floss der Neckar, den man vor gut 50 Jahren kanalisierte und verlegte. „Um Platz zu schaffen", sagt Klaus Schrempf, Besigheims Stadtkämmerer. „So etwas würde man heute nicht mehr machen." Von seinem Büro aus blickt er direkt auf das historische Rathaus. Es ist mit der Stadtmauer verbunden und mit den beiden, weithin sichtbaren Glockentürmen, nicht nur eines der stattlichsten Gebäude Besigheims, sie sind auch ein berühmtes Beispiel für das so genannte alemannische

Karl Schweiker, Vorstand der Felsengartenkellerei Besigheim vor einer der schönsten Stadtsilhouetten

Fachwerk. Ein veralteter Ausdruck, der durch „oberdeutsches“ Fachwerk ersetzt wurde. Mächtige Ständer in weitem Abstand mit „angeblatteten“ Kopf- und Fußbändern und dicken, sichtbaren Holznägeln kennzeichnen diese, im süddeutschen Raum weit verbreitete Bauweise. In den 70er Jahren wurde das Rathaus grundlegend saniert, wobei es nicht nur gelang, die bemalte Bohlenwand des kleinen Sitzungssaals im ersten Stock zu erhalten, sondern auch, die auf Putz aufgebrachte Trockenmalerei im Obergeschoss freizulegen und zu restaurieren. Das Rathaus war ursprünglich als Kaufhaus auf dem Marktplatz geplant und als solches, im Jahre 1459, von einem badischen Markgrafen genehmigt worden. Auch das ist eine der Besonderheiten Besigheims – die Geschichte als badische Enklave. 1595 verkauften die Markgrafen von Baden Besigheim an Württemberg. An die Zeit badischer Herrschaft erinnert die Brunnenfigur eines Ritters, dessen Schild noch immer das badische Wappen schmückt.

Erinnerungen an die Geschichte der Flößer

„Es lebte ein reicher Holzherr, der viel Gesind hatte; er handelte bis weit in den Rhein hinab, und sein Geschäft war gesegnet“: so beginnt Wilhelm Hauff sein Märchen vom „Holländer Michel“. Flößer aus dem Schwarzwald wie der lange Michel waren ein gewohnter Anblick auf den Flüssen. „Das Floß, mit dem er abgehen sollte, hatte acht Glieder, und waren im letzten von den größten Zimmerbalken“, heißt es bei Hauff. Hier, wo die Enz in den Neckar mündet, breit und flach, wurden die „Gestöre“ der Enzflöße zu größeren Neckarflößen umgebunden und weiter nach Mannheim geschickt, wo sie zu noch größeren Einheiten zusammengefasst wurden. Die gewaltigen „Holländerflöße“ maßen auf ihrem Weg nach Amsterdam bis zu 40 Meter in der Breite und 400 Meter in der Länge und wurden von bis zu 500 Ruderknechten gelenkt. Wenn man genau schaut, sieht man in manchen Eichenbalken von Besigheims Fachwerkhäusern Vertiefungen: Spuren

Trutziger Rundturm

Oben: Fachwerkgiebel in der idyllischen Altstadt
Unten: Draußen genießen

der Haken von Spannketten, mit denen das Holz während des Transportes auf den Fluss zusammengehalten wurde.

Im Café Hirsch

„Eine Suppe, darin rote Krebse schwammen, Rindfleisch mit französ'schem Senfe. Dazu liebliche Radieschen. Dann Gemüse und so weiter“: Eduard Mörike erinnerte sich gerne an ein Mahl, das er im Gasthaus zur Post genoss. Auch der heutige Reisende wird hier verwöhnt. In Bernhard Kobars Café Hirsch zum Beispiel. Die heimelige Atmosphäre alter Gassen lässt sich hier trefflich genießen, besonders draußen, an einem milden Sommerabend, bei einem fruchtigen Kerner. Nicht einen einzigen rechten Winkel weisen die alten Häuser ringsum auf, altersgewölbt das Mauerwerk und traulich neigen sich die Hausdächer einander zu, als wollten sie sich etwas erzählen.

HESSIGHEIM

Der Fluss, die Steine, die Felsen, die Mauern

Wieder sind es die Steine, die dem Reisenden entlang der Weinstraße Geschichte und Geschichten vermitteln: Sie erzählen von der geologischen Biografie des mittleren Neckartals und von der Zeit, als die Römer dieses Gebiet besiedelten. Ein Stück Kulturgeschichte sind auch die terrassierten Hänge mit ihren Trockensteinmauern, den „Wengertmäuerla", die das Landschaftsbild dieses Abschnitts der Weinstraße bestimmen.

Ein Haus voller Geschichte: Das Römerhaus in Walheim

Ein Viergötterstein, der darüber liegende Wochengötterstein, die Säule, deren Kapitell nochmals mit vier Köpfen geschmückt ist, und als krönender Abschluss die Skulptur des Jupiters, der Blitze schleudernd den schlangenförmigen Giganten niederreitet: Die Jupitergigantensäule vor dem Römerhaus in Walheim zeigt alle typischen Merkmale ihrer Art. Das stilisierte Weinlaub, das in die Säule eingemeißelt wurde, legt die Vermutung nahe: Hier wurde bereits zu Römerzeiten Wein angebaut. Gleich zwei Römerkastelle befanden sich dereinst im heutigen Walheim. Die Truppen zogen weiter; aus dem militärischen Standort aber entwickelte sich ein blühendes Handelszentrum. 1986 wurden die Grundmauern des zentralen Gebäudes des römischen Warenumschlagplatzes freigelegt und mit einem Schutzhaus überdacht. So entstand in dem kleinen Ort ein einzigartiges Museum, das seinen Besuchern einen faszinierenden Einblick gewährt in Alltag und Kultur zu Römerzeiten.

Felsenkletterer über dem Neckar

RATHAUS
HESSIGHEIM
17

Körperliche Schwerstarbeit in den Steillagen

Doch nicht nur im Römerhaus lässt sich die Kunst, Steine zu langlebigen, stabilen Mauern zusammenzufügen, studieren. Von den 470 Hektar des Anbaugebiets der Felsengarten Kellerei, entfallen 200 Hektar auf terrassierte Steillagen. „Es ist nicht einfach, sie zu erhalten“, sagt der Walheimer Karl Schweiker. Er ist der Vorstandsvorsitzende der Felsengarten Kellerei, zu der sich die Wengerter von Besigheim, Hessigheim, Gemmrigheim, Walheim, Löchgau, Bietigheim-Bissingen und Ingersheim zusammengeschlossen haben. Bis zu 1000 Jahre alt sind manche der Anlagen, schätzt Karl Schweiker. Sie entwickelten sich ab dem 10. Jahrhundert. Als die Bevölkerung zu wachsen begann, wurde der Weinbau aus der Ebene in die Steillagen verlegt. Es ist eine Kunst für sich und harte Knochenarbeit, stabile, langlebige Trockenmauern anzulegen. Doch nicht nur der Mauerbau: „In den Steillagen ist alles Handarbeit“, sagt Karl Schweiker. „Die Laubarbeiten, der Pflanzenschutz. Zudem müssen die Steillagen stärker bewässert werden.“ Der Trollinger ist die bevorzugte Sorte der warmen Steinterrassen. Er liebt das besondere Kleinklima, das die Mauern schaffen, die das Sonnenlicht reflektieren, die Wärme speichern und wieder abstrahlen. „Aufs Innigste sind die Weinberge mit den Felsen verzahnt; auf kleinsten Stufen klettern die Rebstöcke an ihnen hoch, unmittelbar geht die künstliche Mauer des Weingärtners in die gebankte Muschelkalkwand über“, schreibt der legendäre Förster und Forscher Otto Linck über diese einzigartige Kulturlandschaft. Der Lebensraum Weinberg als „ein buntfleckiges Mosaik“, das „im Ganzen wie in seinen Teilen geschichtlich geworden ist“. Ein Lebensraum auch, der zahlreiche Schutzinseln bereithält, für Insekten, Eidechsen, Vögel, Falter und seltene Pflanzengesellschaften wie die Steppenheideflora. So wurden die Hessigheimer Felsengärten, „die großartigsten Bildungen dieser Art“, so Otto Linck, unter den Schutz der europäischen Union gestellt und zum Natura 2000-Gebiet deklariert.

Ganz links: Rathaus Hessigheim
Links: Alphornbläser bei der Felsengarten Kellerei

Kletterers Felsenglück

Der Neckar, der sich im Laufe von 50 Millionen Jahren in den Muschelkalk eingeschnitten hat, hat dieses bizarre Stück Wildnis freigelegt, mit freistehenden Felsblöcken, -türmen und -nadeln, die sich, durch eine tiefe Schlucht getrennt, vor der festen Felswand erheben. Ein ideales Trainingsgebiet für Kletterer: Die Hessigheimer Felsengärten sind das am stärksten frequentierte Naturschutzgebiet im Landkreis Ludwigsburg. Sie werden seit den 70er Jahren von der Bergwacht „Bereitschaft Unterland“ betreut, die sich 2006 hier einen festen Stützpunkt einrichtete. „Schutz des Menschen in der Natur und Schutz der Natur vor den Menschen“ lautet der Grundgedanke der Bergwacht. Dementsprechend übernehmen die Mitarbeiter Pflegemaßnahmen zur Erhaltung der Biotope, überwachen die Einhaltung der Schutzgebietsverordnungen und leisten erste Hilfe, sollte sich ein Kletterer in den steilen Wänden verletzen. Eines jedoch kann auch die Bergwacht nicht verhindern: „Durch die Auflösung von Steinsalz und Gips unter dem Fluss gibt hier der Untergrund nach“, erläutert Otto Linck. „Ein geologischer Vorgang, der nicht aufzuhalten ist.“ Der Felsen wandert, die Türme neigen sich talwärts. Der Berg lebt. Die Felsengärten bröckeln. Fangzäune schützen die Besucher vor Steinschlag.

MUNDELSHEIM

Mundelsheimer Impression

Mundelsheimer Original, Vereinsmensch und Stimmungskanone: Manfred Michel, genannt „Joul"

Der Käsberghurgler

Käsberg heißt die Großlage der Mundelsheimer Weingärtnergenossenschaft. Beeindruckende 100 Meter klettern die Weinterrassen von der Neckartalsohle den Muschelkalkhang hinauf. Über steile Steigen erreicht man die Aussichtsplattform Käsbergkanzel, die einen grandiosen Blick auf die Neckarschleife bietet. Anstatt nun vom Käsberg wieder herunterzuwandern, Stufe um Stufe, könnte man sich auch für eine andere Fortbewegungsart entscheiden: Für das „Hurgeln". „Hurgeln heißt hinunterpurzeln", sagt Manfred Michel, den alle, die ihn kennen, Joul nennen. „Der Joul": Mundelsheimer Original, Vereinsmensch und Stimmungskanone. Ein Postbeamter mit ausgeprägter künstlerischer Ader. Er spielt die Tuba und ist als Model und Schauspieler ein gefragter Mann. Einerseits, weil er liebenswürdig, witzig, locker und überaus gesellig ist. Ein Superkumpel. Andererseits, weil er in einem Punkt einfach konkurrenzlos ist: Wer bringt schon, wie er, gut und gerne 200 Kilo auf die Waage? Außerdem leitet der Joul, „topfit und g'sond", seit 15 Jahren eine Theatertruppe: „Die Käsberghurgler". Schwäbisches Mundarttheater der Sonderklasse: „Ob blond, ob braun, ob henna, dia Käsberghurgler muaß mr oifach kenna." Stets im April verwandelt die Truppe die Sporthalle von Mundelsheim in ein Theater. Für vier Aufführungen. Sie gelten als Geheimtipp: 70 Prozent der Karten gehen im Vorverkauf weg. 80 Prozent der Theaterbesucher kommen von auswärts. „Mit Bussen kommen sie angereist", erzählt der Joul, der seinen Teil dazu beiträgt, dass in Mundelsheim die Welt noch in Ordnung ist. „Starkes Gemeinschaftsgefühl", stellt er fest. „Durch die Bank."

Rechts: Das Wahrzeichen von Mundelsheim – das Großbottwarer Tor ist das einzig erhaltene von ehemals vier Stadttoren
Seite 102/103: Traumhaft schöner Blick auf die Neckarschleife

BEILSTEIN UND GROSS

Burgen- und Fachwerkidylle des Bottwartals

Wieder ist es ein Bach, der hier einem Tal seinen Namen gibt. In den Löwensteiner Bergen, am Stocksberg, entspringt die Bottwar, die bei Steinheim in die Murr mündet. Zahlreiche Aussichtspunkte gewähren einen grandiosen Ausblick in die Landschaft. Ein Riesenkind mit einem Sandeimerchen hat wohl diese Berge im Bottwartal gebacken und obenauf hat es mit Klötzen aus seinem Steinbaukasten lauter Burgen gebaut. Emsig und mit Sinn für Formschönheit. Hohenbeilstein, Burg Lichtenberg, Burg Schaubeck: zahlreich, die Burgen im Bottwartal; Romantiker kommen hier voll auf ihre Kosten.

BOTTWAR

Zu Gast bei Falken und Mauerseglern

Auf dem Hohenbeilstein zum Beispiel, an einem milden Sommerabend, bei einem Konzert unter freiem Himmel, geborgen in der Umfriedung alter Mauern. Aus der Zeit der Staufer stammt die Ringmauer nebst Bergfried. Aus Italien hingegen stammt der Kellner. Domenico. Er ist reizend. Eine kleine Plauderei mit ihm macht die Einkehr im Burgrestaurant zu einem besonderen Erlebnis. Und der Besuch beim Falkner, dessen Greifvögel im ehemaligen Burggraben ihre Volieren haben.
Beilstein, am Fuße der Burg, ächzt unter der Last des Verkehrs zwischen Ludwigsburg und Heilbronn und mancher Einwohner mag sich nach den Zeiten zurücksehnen, als eine Schmalspurbahn die Ortschaften des Bottwartals verband. 1976 wurde sie stillgelegt. Die gute alte Zeit? „Die gute alte Zeit existiert nicht", sagt Dietmar Rupp aus Beilstein. Er arbeitet an der Weinsberger Weinbauschule als Fachmann für Standortkunde und Weingeschichte. Außerdem ist er ein beschlagener Heimatkundler, der es versteht, einem Beilsteins Schönheiten zu offenbaren. Die Staffeln zum Beispiel, die sich den Burgberg hinaufziehen. Ein lohnender Spaziergang mit zahlreichen reizvollen Details. Mauergärten und hübsche, alte Häuser, in die man auf der Stelle einziehen möchte. Unten im Ort fällt besonders die imposante Fachwerk-Kelter auf, Baujahr 1698. Und Einzelheiten, die einem nur ein kundiger Führer erschließen kann. So die Inschrift eines Hauses aus dem Jahre 1585: „Der Speis mit Wein gerührt". Der Speis – das sei der Mörtel gewesen, sagt Dietmar Rupp. „Die Weinsäure machte ihn halt-

Links: Burgmauer Hohenbeilstein

Berghügel im Bottwartal

Fachwerkhaus in Burgnähe

Hartmann Dippon stellte das Schlossgut Hohenbeilstein auf ökologischen Weinbau um.

Als Wasserspeier recycelte Musketenläufe

barer." Noch etwas bleibt vom Besuch in Beilstein in besonderer Erinnerung: die Brunnen. Im Rathausbrunnen führen zwei uralte Goldfische ein ansteckend friedvolles Eheleben. Am Pfarrbrunnen beeindrucken die vier Wasserspeier: recycelte Musketenläufe.

Und Beilsteins Teilorte? Reizvolle, winzige Weiler, auf dem Weg hinauf in die Löwensteiner Berge, wo die Zeit langsamer verstreicht als anderswo.

Der „grüne Spinner"

Dass der „Langhans", der Bergfried Hohenbeilsteins, noch steht, verdankt die Welt dem Trikotagenfabrikanten und Kommerzienrat Robert Vollmöller und seinem Faible für Burgen. Und da sich dieses auch auf Schlösser erstreckte, ließ er auf den Grundmauern des alten Amtshofs etwas errichten, was seinen Vorstellungen von einem Renaissanceschloss entsprach. Etwas sehr, sehr Hübsches, in dem heute das Haus der Kinderkirche residiert. Die Kelter, die Vollmöller am Unteren Schloss anlegen ließ, ist seit 1959 im Besitz der Familie Dippon. Als Hartmann Dippon den Betrieb 1991 von seinem Vater übernahm, stellte er ihn auf ökologischen Anbau um. „Ich würde nie behaupten, dass ökologischer Anbau das allein Seligmachende ist", sagt er. „Aber ist es nicht das Normale, mit der Natur Landwirtschaft zu betreiben? Und nicht gegen sie. Wenn so viele Menschen auf engem Raum leben, müssen wir bedächtig mit dem Boden und dem Wasser

Rechts: Repräsentativer Fachwerkbau: das Rathaus von Großbottwar

PAULANER
PAULANER

Burgruine

Steinmauer im Weinberg

Blumenwiese

umgehen." Dem ökologischen Anbau – da ist er sicher – gehört die Zukunft. Die Zeiten, da man ihn als „grünen Spinner" bezeichnete, haben sich geändert. Junge Winzer begegnen ihm interessiert und bei den Verbrauchern ist er längst akzeptiert. Die Erzeugnisse seines Weingutes entsprechen den strengen Richtlinien von „Naturland" ebenso wie denen der Vereinigung der besten Weingüter Deutschlands, VDP.

Tierische Schädlinge, sagt er, seien kein Problem. Wenn man für Pflanzenvielfalt sorge, sorge man auch für natürliche Feinde. Aber Pilzkrankheiten machen ihm zu schaffen. Zumal diese von den sich verändernden Wetterbedingungen begünstigt werden.

Er setzt auf die Züchtung pilzwiderstandsfähiger Sorten, die „Piwis": Kreuzungen zwischen amerikanischer Pilzresistenz und europäischem Wohlgeschmack. Der Regent zum Beispiel. Eine neue Züchtung sollte pilztolerant sein, egal ob sie ökologisch oder konventionell angebaut wird.

Großbottwars Fachwerkidylle

Fachwerkhäuser bestimmen die Ortsbilder der kleinen Städte. Trefflich lässt sich hier die Entwicklung der Fachwerkbauweise vom Mittelalter bis zum Ersten Weltkrieg studieren. Großbottwar bietet eine Fülle repräsentativer Einzelbeispiele verschiedener Epochen. Allein der Marktplatz: Da ist das prachtvolle Renaissance-Rathaus, das gleichzeitig als Verkaufshalle für Metzger, Tanzsaal, Fruchtboden, Lagerraum für Feuer- und Bürgerwehr und als Gerichtsstube diente.

Dann, schmal, hoch, mit steilem Dach, dickem Balkenwerk und überkragenden Stockwerken: die Stadtschänke, eines der ältesten Fachwerkhäuser im Landkreis Ludwigsburg, erbaut wahrscheinlich 1434.

Und das Fachwerkhaus, in das man gleich einkehren wird, um sich einen Cappuccino zu bestellen, gehörte wahrscheinlich dem prominentesten Sohn Großbottwars. Reinen Wein wird der Schankwirt und spätere Bauernführer Matern Feuerbacher seinen Gästen hier eingeschenkt haben. Als oberster Hauptmann des gesamten württembergischen Bauernhaufens befehligte er schließlich 15 000 Bewaffnete. Dank eines Schutzbriefs, den Feuerbacher für die damaligen Bewohner der Burg Lichtenberg, der Freiherren von Weiler, ausstellte, blieb diese im Bauernkrieg unversehrt. Noch heute befindet sich die malerische Burg im Besitz der Familie.

Goldgelbe Ähren

Laden in der Eselsmühle

Müller Fuchs von der Eselsmühle

MARBACH

Ein Zuhause für die Literatur – die Schillerstadt Marbach

Das Zimmerchen im Erdgeschoss der Niklastorstraße 31 misst höchstens 16 Quadratmeter, und wenn man einen Hut auf dem Kopf hätte, hier würde man ihn abnehmen. In diesem kleinen Raum, der gleichzeitig als Wohn-, Schlaf- und Kinderzimmer diente, brachte Elisabetha Dorothea Schiller, geborene Kodweiß, am 10. November 1759, ihr zweites Kind zur Welt. Einen Jungen, „Friz geheißen", gesegnet mit rotem Schopf, „Rossmucken" und genialem Geist. In den Vitrinen im Obergeschoss dieser „Hütte, in welcher Schiller, der Riese, geboren ward" (Gustav Schwab), wird eine bescheidene Sammlung persönlicher Gegenstände der Familie Schiller ausgestellt: eine Weste des Genius, eine rotblonde Locke. Fingerhüte auch der Mutter, die offenbar erstaunlich schlanke Finger hatte. Vielleicht hat sie diese mit den fein ziselierten Metallkappen geschützt, als

Rechts: Blick auf die Stadt
Unten: Hier wurde Friedrich Schiller am 10. November 1759 geboren

Dr. Heike Gfrereis, leitet das Schiller-Nationalmuseum und das Literaturmuseum der Moderne

sie das Babyhäubchen mit Gold- und Silberfäden bestickte, das Schiller trug, als man ihn zur Taufe trug? Auch ein Briefchen mit Stecknadeln befindet sich unter den Exponaten: ein Geschenk Goethes an Schillers Frau Charlotte. Rührende Andenken, die von der eher profanen Seite des Dichterlebens erzählen.
Der Vater, Leutnant und Chirurgus Johann Caspar Schiller, hatte in der Gaststätte „Goldener Löwe" von Georg Friedrich Kodweiß, einem Marbacher Bäckermeister, Wirt und Floßverwalter, die Wirtstochter Dorothea Elisabetha kennen gelernt und sie bald darauf geheiratet. Sein Plan, sich als Wundarzt in Marbach niederzulassen, schlug fehl. Die alteingesessene Familie Kodweiß verlor ihr Vermögen im Holzhandel. Die Löwenwirtschaft wurde verkauft, Johann Caspar Schiller ging zurück zum Militär. Im Siebenjährigen Krieg, heißt es, habe er sich als Quartiermeister betätigt. Auf Seiten der Österreicher. Nach Kriegsende – Friedrich Schiller war vier Jahre alt – verließ die Familie Marbach und zog nach Lorch.

„Von der Locke bis zur Socke" – Deutsches Literatur-Archiv und seine Schätze

1859, zum 100. Geburtstag Schillers, wurde das Geburtshaus in eine Gedenkstätte umgestaltet. Eine weitere, ungleich prächtigere wurde 1903 erbaut, an exponierter Stelle über der Altstadt, nach Plänen der Stuttgarter Architekten Eisenlohr und Weigle: das repräsentative Schiller-Nationalmuseum.
Mitte der 50er Jahre folgte die Gründung des Deutschen Literaturarchivs, für das 1972 in unmittelbarer Nähe des Nationalmuseums eigene Räume errichtet wurden. In seinen Magazinen lagern über 1100 Nachlässe von Dichtern und Gelehrten: Handschriften, Manuskripte, Briefe, Fotoalben, Zettelkästen. Unmöglich, die Katakomben des Archivs zu betreten, ohne heftiges Herzklopfen zu bekommen, angesichts dieser unvergleichlichen Schatzkiste, in der sich zum Beispiel auch der von Goethe korrigierte Andruck vom Faust, Teil 2, befindet.
„Das Literaturarchiv ist eine Verortung von Dingen, von denen man glaubt, sie brauchen nur Luft, Liebe und Geist", sagt Heike Gfrereis, die nicht nur das Schiller-Nationalmuseum leitet, sondern auch das Literaturmuseum der Moderne. Das „Limo" öffnete im Juni 2006, ebenfalls auf der Schillerhöhe, seine Pforten, um die Sammlungen des Archivs unter immer wieder neuen Gesichtspunkten zu präsentieren. Auf 1000 Quadratmetern Ausstellungsfläche zeigt es in ständigen und in wechselnden Ausstellungen und in einem über alle Maßen ästhetischen Rahmen „Dinge, die meistens immer nur Papier sind". Papier, das neben

Auf der Schillerhöhe öffnete 2006 das „Limo“ seine Pforten.

gedruckten Texten und handschriftlichen Notizen auch Kaffeeflecken aufweist, Daumenabdrücke, Brandlöcher von Zigaretten. Sie erzählen von der Arbeitsweise der Autoren und davon, dass Schreiben kein rein geistiger Akt ist, sondern eine leibliche Existenz voraussetzt.

Die Lebendigkeit der Dinge in Form geistiger, seelischer und körperlicher Abdrücke liegt Heike Gfrereis am Herzen: „Dieses Verbinden von Literatur mit einer optischen Erinnerung, und sei es die Nobelpreis-Urkunde von Hermann Hesse.“ Sie wünscht sich, dass ein Besucher, der das Museum wieder verlässt, „Exponate im Kopf hat, die ihn berührt haben, die ihm Lust machen, selber mit Sprache zu arbeiten“. – „Es ist das Ensemble, das Marbach ausmacht“, sagte Bundespräsident Horst Köhler zur Eröffnung des Literaturmuseums der Moderne. „Das Ensemble aus der Schiller-Gedenkstätte, dem Archiv mit seiner geduldigen und aufwändigen Erinnerungs-, Erhaltungs- und Restaurationsarbeit, mit dem Collegienhaus, dieser fast klösterlichen Studierstätte und schließlich jetzt dem Museum, in dem die Schätze aus den Tiefen der Archivkeller ans Licht gebracht werden. Wenn man in Deutschland so etwas sucht wie ein Zuhause für die Literatur, dann findet man es hier in Marbach.“

LUDWIGSBURG

Fürsten, Dichter und Soldaten

Ludwigsburg, die Schöne. Stadt der Schlösser, der Gärten, der Alleen. Eine junge Stadt, gerade mal 300 Jahre alt, in der das Mittelalter fehlt. Kein winkeliges Fachwerk, schmucke, barocke Bürgerhäuser bestimmen das Bild einer Stadt, die auf dem Reißbrett geplant wurde.

Ludwigsburg sei das Ergebnis einer Fürstenlaune, sagt der Historiker Otto Borst. Aus dem ursprünglichen Plan des Herzogs Eberhard Ludwig von Württemberg, ein bescheidenes Jagdschloss zu errichten, für das er 1704 den Grundstein legte, entwickelte sich schließlich eine prunkvolle Anlage à la Versailles, an der kundige Meister aller Sparten aus ganz Europa 30 Jahre lang bauten. Die großartige Vierflügelanlage gilt als das größte erhalten gebliebene Barockschloss Deutschlands.

Die Stadt, die heute rund 85 000 Einwohner zählt, entstand durch die Aufforderung Eberhard Ludwigs an die Untertanen, sich in Schlossnähe niederzulassen. Zur Residenz erhoben, war das wirtschaftliche Leben Ludwigsburgs zu absolutistischen, aufklärerischen und auch zu napoleonischen Zeiten ganz und gar vom Hofe abhängig und es litt, wenn es den Herrschaften ge-

Venezianische Messe in der Stadt
Links: Wasserfontäne vor dem „Blühenden Barock“

fiel, den Sitz der Residenz nach Stuttgart zurück zu verlegen. Im „Bilderbuch meiner Knabenzeit“ schildert Justinus Kerner die Atmosphäre der Stadt zur Zeit Herzog Carl Eugens, als die Einwohnerschaft vorwiegend aus Höflingen und Künstlern verschiedenster Metiers – vom Tänzer bis zum Porzellanmaler – zu bestehen schien.

Vom Bilderbuch einer Knabenzeit bis zum „Independance Day“

„Ich weiß nicht“, sagt Otto Borst, „ob einem das in einer deutschen Stadt dieser Größe noch einmal passieren kann, am Marktplatz zu stehen und auf die Geburtshäuser eines Strauß oder Vischer, Mörike oder Kerner (fast) mit dem Finger zeigen zu können.“ In dieser Aufzählung ist Schiller, der 1766 nach Ludwigsburg zog, noch gar nicht erwähnt. Oder Christian Friedrich Daniel Schubart, der am Hofe Carl Eugens das Amt des Musikus versah. Er bezahlte einen hohen Preis dafür, dass er sich die Gunst des Herzogs verscherzte: Zehn lange Jahre Kerkerhaft auf dem Hohenasperg. Schubart hat das Lied scheidender Soldaten gedichtet: „Auf, auf ihr Brüder und seid stark, der Abschiedstag ist da.“ Es ist anzunehmen, dass es hier oft gesungen wurde. Von den jungen Männern, die Carl Eugen an die niederländisch-holländische Kompagnie verschacherte, um seine strapazierte Haushaltskasse aufzubessern. Oder 1812, als hier das württembergische Heer für Napoleons Russlandfeldzug aufgestellt wurde. Die militärische Vergangenheit von Ludwigsburg, zu Beginn des 20. Jahrhunderts größte Garnisonsstadt Süddeutschlands, lässt sich an zahlreichen Kasernen ablesen. In manchen dieser ehemaligen Soldatenunterkünfte, in der Karlskaserne zum Beispiel, lebt weiter, was Ludwigsburg von Anfang an

Schloss Monrepos

Rechts: Michael Herzog von Württemberg

ebenfalls prägte: die künstlerische Kreativität. So entwickelte sich die Filmakademie Baden Württemberg, gegründet 1991, flugs zur international renommierten Schmiede für den Filmnachwuchs.

Das weiße Gold

Auch altes Handwerk wird gepflegt: Porzellan, auch „weißes Gold“ genannt, war ein Prestigeobjekt europäischer Fürstenhöfe und so gründete Carl Eugen 1758 eine Porcelain-Fabrique. Ein Konservenfabrikant rief die Ludwigsburger Porzellan-Manufaktur, die 1811 geschlossen worden war, nach dem Zweiten Weltkrieg wieder ins Leben. An der ehemaligen Tradition anknüpfend, wird hier auch heute jedes Stück von Hand geformt, bossiert, verputzt und anschließend im Atelier freihand bemalt. Jeder Teller, jede Tasse ist ein Unikat. Außer, dass der Brennofen im Weißbetrieb inzwischen elektrisch betrieben wird, hat sich an der Fabrikationsweise seit Carl Eugens Zeiten kaum etwas geändert. Zahlreich auch die Stücke, die

Links: Das Lustschlösschen Favorite bietet heute die elegante Kulisse für Wieland Backes „Nachtcafé“
Unten: Jedes Stück ein Unikat in der Porzellanmanufaktur

124

nach historischen Entwürfen Ludwigsburger Porzellankünstler des 18. Jahrhunderts gefertigt werden: Zierliche Figuren, Tabakdöschen mit winzigen Landschaftspanoramen. Das Schuppenmuster auch, das Gottlieb Friedrich Riedel 1758 entwarf. Voll reliefiert bezaubert das Geschirr nach wie vor durch seine klassische Schönheit und findet nach wie vor seine Sammler. Ebenso, wie die zauberhaften Dekore, mit denen die Manufaktur dem zeitgenössischen Geschmack Rechnung trägt.
Nicht nur die Residenz, wo die Porzellan-Manufaktur ihre Malerei und den Verkaufsraum hat, auch das Lustschlösschen Favorite wurde von Eberhard Ludwig gebaut. In einem Wildpark gelegen, ausgestattet mit kunstvollen Wandgemälden und Empire- Möbeln bietet es die elegante Kulisse für Wieland Backes „Nachtcafé". Herzog Carl Eugen komplettierte schließlich das Ludwigsburger Schloss-Trio mit dem ganz und gar bezaubernden Seeschlösschen Monrepos, in dem heute das Weingut Herzog von Württemberg seinen Sitz hat.

Gibt Tipps im Fernsehen: Gartenexperte Volker Kugel vom Blühenden Barock
Links: Gespannte Augen und offene Münder vor dem Hexenhäuschen im Märchengarten

Wein von königlichem Geblüt

Eberhard im Barte, Herzog Ulrich und auch Württembergs Könige entstammen der Linie der Herzöge von Württemberg, die über 800 Jahre das Land regierten. Seit dem 16. Jahrhundert gehörten Weinberge zu ihrem Privateigentum. Die zahlreichen, kleinen Weingüter der Familie werden heute von Michael Herzog von Württemberg verwaltet. Sieben Einzellagen mit so berühmten Namen, wie Stettner Brotwasser, Untertürkheimer Mönchberg oder Mundelsheimer Käsberg.

Barocke Blütenpracht

Was als Ereignis für ein Jahr gedacht war, entwickelte sich zum Dauerbrenner: Die Gartenschau „Blühendes Barock", eingerichtet zum 250. Geburtstag des Schlosses und der Stadt, etablierte sich zur Dauergartenschau und zu einem der beliebtesten Ausflugsziele Deutschlands.

Der Gartenarchitekt Albert Schöchle hat 1954 den verwahrlosten Schlossgarten nach barockem Vorbild neu gestaltet und Zehntausende von Gehölzen, Hunderte von Metern Hecken, eine halbe Million Blumenzwiebeln und einige Hunderttausend Stauden eingearbeitet. Ein Genie sei dieser Schöchle gewesen und ein verrückter Hund, sagt Volker Kugel, seit neun Jahren der Leiter des Blühenden Barocks, das etwa 80 Menschen einen Arbeitsplatz bietet, 30 davon sind Gärtner, die 30 Hektar Parkanlagen betreuen. Musikfeuerwerk, Lichterzauber, Ausstellungen, Sendungen mit dem SWR – zahlreich die Sonderveranstaltungen, die das Gartenjahr von März bis November beleben. 35 000 Dauerkarten und über eine halbe Million Tageskarten werden jährlich verkauft. Und bereits die dritte Generation lässt sich von den Szenerien im Märchengarten verzaubern, der in den 50 Jahren seines Bestehens seine Anziehungskraft erhalten hat. Auch deshalb weil man ihn stetig doch behutsam erweitert und dabei den Charme der 50er Jahre bewahrt.

WEINSTADT

Karl Ulrich Nuss – der Initiator des Strümpfelbacher Skulpturenpfades liebt den Trollinger

In Strümpfelbach ist er eine Institution. Im Rest vom Ländle kennt man zumindest die Skulpturen, die Karl Ulrich Nuss insbesondere für den öffentlichen Raum gefertigt hat. Und die Besucher von Weinstadt, gleichgültig, ob sie tatsächlich körperlich dort anwesend sind oder die Remstal-Gemeinde lediglich virtuell im Internet besuchen, kommen an dem bekannten Bildhauer nicht vorbei. Mit seinem Skulpturenpfad, der mitten durch die Weinberge seiner Heimatgemeinde führt, hat Nuss eine überregional beliebte Touristenattraktion geschaffen.

Dabei war alles mehr oder weniger Zufall. „Denn ich habe einige größere Werke von einer Ausstellung zurückbekommen und musste die nun irgendwo unterkriegen. Mein Garten ist bereits voll mit Figuren, außerdem wären die auch zu groß gewesen", erinnert sich Nuss. Nach einigen Gesprächen mit der Stadtverwaltung war klar, dass er sie in den Weinbergen vor seiner Haustüre aufstellen kann. Denn die Weinberglandschaft, die hinter seiner Werkstatt beginnt, habe sich dafür einfach angeboten. Der Skulpturenpfad war geboren. Heute stehen überwiegend Werke von ihm selbst, ein paar wenige von seinem Vater beziehungsweise von seinem Neffen Christoph Traub in den Weinbergen über Strümpfelbach. „Seit es den Skulpturenpark gibt, kann ich bald nichts mehr anderes tun als ‚Schlossführungen' zu leiten."

Die Figuren, die Nuss entwirft und schließlich in Bronze gießt, entsprechen zwar nicht dem gängigen Schönheitsideal, dafür aber umso mehr dem, was sich alle Inhaber eines Fitnessstudios als dankbare Stammkundschaft wünschen: die Körper zu dick und die Gliedmaßen meistens einen Tick zu dünn. „Deswegen werde ich oft gefragt, warum ich immer so hässliche Figuren schaffe. Aber die sind nicht hässlich. So ist die Natur und Natur ist schön, weil sie richtig ist", wettert der Künstler. Wer sich an den Formgesetzlichkeiten der Natur orientiere, mache als Bildhauer nichts falsch.

Die Wohnung des gebürtigen Stuttgarters ist merkwürdig leer: „Ein Tisch, zwei Holzbänke, ein Bett, ein Schrank, sonst nur Luft. Dafür bin ich im Garten von Üppigkeit umgeben", sagt er und wirft einen Blick über seinen Garten, in dem gerade die Margeriten zur Hauptkulisse für die zahlreichen Bronzeskulpturen geworden sind. Die

Links: Skulpturen im Garten des Künstlers

Karl Ulrich Nuss trinkt am liebsten Trollinger

Pflege dieses Gartens ist neben der öffentlich zugänglichen Bildersammlung mit Vertretern der Malerei des 20. Jahrhunderts aus dem südwestdeutschen Raum sein Hobby. Kein Sport! Selbst das Skifahren hat er 1977 aufgegeben: „Mir war das ein Graus, mich im Winter unter schlechten Bedingungen bewegen zu müssen.“ Dann fällt ihm gleich noch eine Geschichte ein, die seine Einstellung zum Sport illustrieren soll. Bereits als Schulkinder haben er und seine Schwester an einem Kinderlauf teilgenommen, den seine Schwester gewonnen hat. Er selbst wurde Letzter. Seine Schwester erhielt als ersten Preis eine Urkunde, also ein Stückchen Papier. Er dagegen habe als Trostpreis eine Packung Kekse bekommen. „Das fand ich klasse und hat mich in meiner Haltung zum Sport sehr geprägt.“

Wenn es um Wein geht, ist Nuss überwiegend Patriot: „Ich trinke am liebsten Trollinger, weil man für den kein Glas mit Stil braucht, sondern ein ganz normales Viertelesglas ausreicht. Ich habe sogar schon ein Lokal verlassen, weil die keine richtigen Viertelesgläser hatten.“

„Pass doch besser uuf, dass s'lauft dia G'schicht“

Der Name Weinstadt entstand 1975 im Zuge der Gemeindereform. Die neu gegründete Kommune besteht aus den fünf Teilgemeinden Beutelsbach, Endersbach, Großheppach, Schnait und Strümpfelbach.

Ludwig Heeß wohnt schon immer in Schnait. Er war auch schon immer Wengerter und ist Mitglied bei der örtlichen Genossenschaft. Der Hobbybildhauer ist in seinem Heimatort kein Unbekannter, weil er für die Weinberge von Schnait Steinskulpturen wie die Traubenpresse, den steinernen Weintisch oder die Wengerterfrau, um nur einige der zahlreichen Kunstwerke zu nennen, mit viel Liebe zum Detail geschaffen hat. Sie alle aber haben etwas mit dem Leben und der Arbeit in den Weinbergen zu tun.

Aus derselben Perspektive erzählt Heeß Geschichte und Geschichten aus seiner Heimat. Gerade an die Zeiten der Gemeindereform erinnert er sich noch gut. So sei es lange unklar gewesen, ob Strümpfelbach zu Weinstadt oder zu Rommelshausen geht. Dass es schließlich bei Weinstadt gelandet ist, freut den Schnaiter ganz besonders, denn zum einen „zieagt Strümpfelbach dia Leit oifach an, weil es ein Schmuckstück ist“. Aber „die Strümpfelbacher selber, die send a bissle andersch, die send meh wiea diea Schnaiter. Weil diea Strümpfelbacher und diea Schnaitemer früher gleich reich g'wä send – oder gleich arm. Strümpfelbacher – wenig Äcker, wenig Brot hoißt's dort und bei ons genau s'gleiche“. Und wie zum Beleg dafür fällt ihm eine Episode aus der Strümpfelbacher Geschichte ein. So, wie man es heute sieht, ist es erst nach einem Brand entstanden. Denn die Esslinger haben den Ort einmal abgebrannt. Heute noch sieht man an manchen Fachwerkhäusern Balken mit Zapfen oder Schlitzen, die keine Funktion mehr haben. Das sind Balken, die der Brand verschont hat. „Diea hot m'r auf d'Seite doa und des isch nochher wieder verschafft woora.“

Zu Schnait gehört natürlich auch Friedrich Silcher. „Mir hen do au a schees Museum. D'r Schwäbische Sängerbund hot's ombaut und duat's betreue. Do komma viele Bus, also des kommt ganz gut aa. Er hot au scheene Lieadr g'macht.“ Seine Frau zitiert eilig: „In's Wiesadal do gang i jetzt naa – des isch do von Schnait naa auf Beutelsbach“.

Er macht einen Sprung nach Großheppach. Dort gibt es ein Schloss, das von zwei weiblichen Nachfahren der Familie von Gaisberg bewohnt wird, die auch in Schnait ein

Rechts: Schloss Schnait

Ludwig Heeß, Hobbybildhauer und ortskundig, mit Ehefrau Margarethe

So werden Reben gebunden

Schlösschen besaß. Und der Prinz Eugen! Mit dem hat es Folgendes auf sich: Die drei Kriegsherren Prinz Eugen von Savoyen, der Herzog von Marlborough und Markgraf Ludwig Wilhelm von Baden hielten im „Lamm" von Großheppach den entscheidenden Kriegsrat ab, der sie später die Schlacht bei Höchstädt gewinnen ließ. Vor dem Lamm erinnert heute eine Skulptur von Karl Ulrich Nuss an dieses historische Ereignis.

Beutelsbach gehört zum ältesten Besitz des Hauses Württemberg. Die Stiftskirche in Beutelsbach war bis Anfang des 14. Jahrhunderts Grablege des Hauses Württemberg. Heute ist die zentrale kommunale Verwaltung von Weinstadt dort angesiedelt.

In Beutelsbach und Endersbach spielte der Weinbau früher eine weitaus geringere Rolle als in Schnait oder Strümpfelbach, „weil dia hent halt Äcker g'heet", weiß Heeß. Denn in den beiden Seitentälern sind die Böden weit schlechter als an der Rems selbst. Dafür musste man in den Weinbergen immer wieder mit Pilzbefall der Reben rechnen: „Do gibt's Wengert, die immer taunass werda, wo sich der Pilz oifach frait, dass' so isch."

Und selbst das Spritzen der Trauben war früher mühsam und nicht sehr effektiv. Zum einen weil die Spritzmittel selbst nur begrenzt wirksam waren, zum anderen aber auch weil die Geräte, mit denen die Mittel ausgebracht wurden, noch sehr zu wünschen übrig ließen. So erinnert sich Heeß noch an Zeiten, in denen die Wengerter ihre Weinberge mit einer Art Pinsel oder Besen aus einem Eimer mit Spritzemittel besprengten. Später kamen dann die ersten Sprühgeräte, die man auf dem Rücken tragen konnte, auf. „Do send dia Schpritza jo g'macht g'wäh vo Holz." Die erste dieser Spritzen hat der Pfarrer den Schnaiter Wengertern mit Spendenmitteln gekauft. So konnten die Wengerter die Spritze beim Pfarrer ausleihen und wenn der eine fertig war, bekam sie der Nächste. Aber auch neuere Technik nach dem Zweiten Weltkrieg

mit einer stationären Pumpe und einem langen Schlauch, der durch den Wengert gezogen werden musste, hatte so ihre Tücken. Das war oft mühsam, weil die Böden noch nicht begrünt waren und die Schläuche kaum durch den oft noch nassen Lehmboden gezogen werden konnten. „Des hot an dene Schläuch richtige Wargel ge'ä. Meischtens isch no noh s'Weib drbei g'wäh und d'r Schlauch isch no no oft hanga bliaba in dene Furche. Do hot m'r zoga ond zoga ond d'r Schlauch isch halt net g'loffa. On no hot m'r oft s'Weib verschompfa: Pass doch besser uuf, dass s'lauft dia G'schicht do."

Irgendwann kam die Rebflurbereinigung und dann setzten sich langsam die fahrbaren Spritzegeräte durch. Mit ihnen konnte man schließlich durch die einzelnen Weinbergzeilen fahren und relativ bequem spritzen – zur Freude der Wengerterfrauen.

Steinskulptur in den Weinbergen von Schnait

FELLBACH

Aus dem Gewann Lämmler kommen die vorzüglichsten Weine

Fellbach wird auch als Tor zum Remstal bezeichnet. Der Kappelberg thront über der Stadt, ist Hausberg und prominente Weinlage. Der Fellbacher Lämmler ist weit über die Grenzen der Stadt hinaus bekannt und beliebt. Schon in der Oberamtsbeschreibung von 1832 wird „das Gewann unter dem mittleren Kappelbergweg" – Lämmler genannt – als jenes beschrieben, das den vorzüglichsten Wein liefere. Kein Wunder, blickt man in Fellbach doch auf eine ungebrochene und jahrhundertealte Weinbau-Tradition zurück. Vielleicht war es gerade wegen dieser langen und engen Verbundenheit mit dem Weinbau, dass sich die Fellbacher, trotz ihrer Nähe zu Stuttgart, Zeit ließen mit der Industrialisierung.

Der erste Zug dampfte zwar schon 1861 in den Fellbacher Bahnhof ein. Doch erst 40 Jahre spä-

Ein sonniges Plätzchen für Kim und Nadine

Rathaus und Innenhofambiente

13.7. - 9.10.2006

Gert Aldinger mit seinem treuen Weggefährten Ares

ter begann die Industrialisierung in der Stadt am Kappelberg ihren Lauf zu nehmen, langsam aber stetig. Und noch heute sehen die Fellbacher einen wesentlichen Grund für die wirtschaftliche Stabilität darin, dass insbesondere der Weinbau seine Bedeutung in der Stadt erhalten hat.

Ein Betrieb steht ganz besonders für den Weinbau in Fellbach. Seit 500 Jahren baut die Familie Aldinger an den Hängen des Kappelberges ihren Wein an. Und als Krönung ihrer Arbeit verlieh der renommierte Gault Millau dem Fellbacher Weingut im Jahr 2005 als einzigem Württemberger Betrieb vier Trauben für „jenes unbedingte Qualitätsstreben, das wir von einem Betrieb der Vier-Trauben-Kategorie erwarten".

Alte Kelter

Doch bis dahin war es ein weiter Weg. Gerhard Aldinger, Seniorchef des Familienbetriebes, erinnert sich noch an Zeiten, in denen die Arbeit in Weinberg und Keller noch hart und mühselig war. Rebkrankheiten wie Mehltau oder Peronospera vernichteten ganze Jahrgänge. Vielen Kollegen galt Pflanzenschutz mit chemischen Mitteln als ein unerlaubter menschlicher Eingriff in Gottes Pläne. „Doch irgendwann", so erinnert sich Aldinger, „haben auch sie im Weinberg gespritzt. Sie hätten sonst wirtschaftlich nicht überlebt."

Aber auch das Gault-Millau-traubenträchtige Qualitätsstreben war nicht immer das hehre Betriebsziel in der Fellbacher Schmerstraße. Bis Mitte der 1980er Jahre produzierte man mehr oder weniger für jene Kenner, die sich in den zahlreichen Weinstuben Stuttgarts und des Remstales den Württemberger schmecken ließen. Durchaus Qualität, aber weit entfernt von jenen Spitzenweinen, die auch auf internationalem Parkett für Aufsehen sorgen. „Wir haben damals die fetten Ertragsjahre mitgenommen", bekennt Gerhard Aldinger freimütig. Aber man habe doch relativ früh erkannt, dass dies nicht der Weg ist, der für lange Zeit begehbar ist. Auf Drängen von Sohn Gert, der Anfang der 1970er Jahre den Keller übernommen hatte, setzte der Umschwung 1988 ein. Familie Aldinger baute auf internationale Sorten wie Merlot, Cabernet und Sauvignon blanc. „Ich habe damals in Italien gesehen, wie die ihre Reben ausdünnten und an jedem Stock nur ganz wenige Trauben hängen ließen", erinnert sich Gert Aldinger. Und was bei denen zu guter Qualität führt, müsste auch am Kappelberg funktionieren, habe er sich

damals gedacht. Die neuen Sorten waren dafür genau das Richtige, „denn die bringen nur Qualität, wenn sie kräftig im Ertrag reduziert werden". Und weil der Trend bei der Kundschaft damals vor allem im Hochpreissegment zu ausländischen Produkten ging, fanden sich am Kappelberg ab 1988 auch die schon genannten ausländischen Sorten. Dennoch, über das Ausschneiden der Trauben erziele man auch bei heimischen Sorten eben jene Qualitäten, die im Hochpreissegment heute Standard sind. Nur Öchsle seien schon längst nicht mehr alles. Den Mineralstoffen aus dem Boden komme mindestens genauso viel Bedeutung zu. Und einen hohen Mineralgehalt der Beeren erziele man nur durch Ertragsreduzierungen.

Natürlich hat das schwäbische Nationalgetränk, der Trollinger, auch weiter seine Zukunft. „Der wird nicht verschwinden. Trollinger wird in Württemberg immer eine wichtige Rebsorte sein, aber halt nicht mehr in der alten Menge", prophezeit der preisgekrönte Wengerter.

Links: Elke Neuber von der Musikschule Fellbach mit ihrer Schülerin Corinna Oswald

Trockenmauerbau im Remstal

STUTTGART

Stuttgart – wo Weinberge Naturschutzgebiete sind

Stuttgarter Autofahrer kennen das: ein schmaler Weinbergtraktor mit undefinierbaren Geräten an den Seiten führt eine Autoschlange an, bis er plötzlich nach links oder rechts in einen Weinberg abbiegt – und das mitten in der Stadt.

Stuttgart ist die einzige europäische Großstadt, die in ihrem zentralen Stadtgebiet Weinberge erhalten hat. Von den insgesamt rund 430 Hektar Stuttgarter Rebflächen befinden sich etwa zehn Hektar in zentralen städtischen Lagen. „Das Stadtgebiet von Stuttgart weist im württembergischen Weinbau sogar eine eigene Großlage namens Weinsteige aus“, so Herbert Medek vom Stadtplanungsamt der Stadt Stuttgart.

Diese zehn Hektar in den zentralen Lagen stehen allesamt unter Natur- oder Landschaftsschutz. Die städtischen Planer müssen das berücksichtigen. Ein Planer, der in der Nähe eines solchen Weinberges Flächen bebauen möchte, muss dabei zahlreiche Besonderheiten beachten. So darf er die Sicht auf den Weinberg nicht verbauen. Ebenso wenig dürfen die neuen Gebäude Schatten auf die Reben werfen. Bewohner oder Büromitarbeiter müssen mit zusätzlichen Geräuschen rechnen und ab und zu müssen die Reben auch gespritzt werden. Auch das müssen die Nachbarn in Kauf nehmen.

Aber die Stuttgarter lieben ihre Weinberge trotzdem und zu nennenswerten Konflikten zwischen Wengertern und Anwohnern sei es bisher noch nicht gekommen, weiß der Stadtplaner. Andererseits habe dieses Festhalten an

Die Weinberge sind ein Naturschutzgebiet mitten in der Stadt

den innerstädtischen Weinbergen durchaus zu gewissen Kuriositäten geführt, erinnert sich Medek. So habe die Stuttgarter IHK zusammen mit einigen namhaften Stuttgarter Unternehmen vor über 50 Jahren einen Weinberg ganz in der Nähe des Hauptbahnhofes erworben. Dieser Weinberg wurde nicht, wie vielleicht erwartet, zu Baugebiet erklärt. Bis heute wird dort Wein angebaut. Und weil die Quadratmeterpreise rund um den Weinberg in Größenordnungen zwischen 1600 und 2000 Euro liegen, „kann man diesen Wein nicht mehr verkaufen, sondern nur noch verschenken", schmunzelt Medek. Nichtsdestotrotz sind IHK und die beteiligten Firmen mittlerweile stolz auf ihren Weinberg und vor allem auf den Wein, der dort angebaut wird. Und Anlässe für Weingeschenke

gibt es in einer florierenden Wirtschaftsregion bekanntlich genug.

Sieben Hektar dieser zentralen Lagen gehören der Stadt Stuttgart. Sie sind Bestandteil des städtischen Weingutes mit seinen insgesamt 17 Hektar Rebflächen. Und weil sich diese 17 Hektar auf relativ kleine Parzellen über das gesamte Stadtgebiet verteilen, beschloss man, dort neben gängigen auch etwas seltenere Sorten anzubauen. So finden sich neben Trollinger, Lemberger und Riesling zudem Muskat-Trollinger, Weißburgunder, Rivaner und Traminer.

Das städtische Weingut existiert in seiner heutigen Form erst seit dem Jahr 1949. Damals baute die Stadt Stuttgart in Cannstatt eine eigene Kelter, um die eigenen Weine

dort auszubauen und abzufüllen. Zuvor, in den 30er Jahren, wurde der Weinmost aus den städtischen Weinbergen direkt von der Kelter weg versteigert. Die dabei erzielten Preise galten als Richtwerte für die Verkaufspreise der privaten Weingüter.

Mit dem Entschluss, ein eigenes Weingut zu gründen, bekannte sich die Landeshauptstadt zu ihrer langen Weinbau-Tradition. Denn schon im Jahr 1129 wird in einer Urkunde bezeugt, dass der Mönch Ulrich dem Kloster Blaubeuren Weinberge in Stuttgart geschenkt hat. Etwa um 1600 verfügt Stuttgart über so viele Weinberge, dass man Wein sogar zum Anrühren von Mörtel verwendet. Das ist beispielsweise für den Chor der Stiftskirche nachgewiesen. Denn damals gehörte der Neckar zu Cannstatt und Stuttgart selbst hatte nur den kleinen Nesenbach, der im Sommer des öfteren ausgetrocknet ist.

Im 19. Jahrhundert kam dann langsam die Industrie nach Stuttgart. Die Stadt wuchs und wuchs auch und gerade in die Weinberge hinein. Die 500 Treppenanlagen, die den Stuttgartern obendrein zu ihrem Spitznamen „Stäffelesrutscher“ verhalfen, waren früher „Wengertstäffele“, die man zur Erschließung der jungen Wohngebiete einfach beibehielt und dem neuen Zweck entsprechend zu Treppenanlagen umbaute.

„Sünder-Stäffele“

Die Sommelière Magdalena Brandstätter – sie vermählt die Speisen mit dem Wein

Das Restaurant „Speisemeisterei“ in Stuttgart-Hohenheim zählt bundesweit zu den ersten Adressen, wenn es um ausgesucht feines Essen geht. Was aber wäre ein solches Essen ohne einen erlesenen Wein? Weit über 700 Weine stehen im Keller parat, um jedes Gericht ganz individuell und passend zu begleiten.

Magdalena Brandstätter ist die Sommelière des Hauses und damit praktisch die Herrin des Weinkellers. Sie führt die Inventur durch und ist sowohl für den Einkauf als auch für den Verkauf zuständig. Das alles klingt zunächst reichlich banal. Doch genau das Gegenteil ist der Fall. Denn die wichtigste Aufgabe einer Sommelière ist es, Küche und Keller zu einer möglichst harmonischen Synthese zusammenzubringen. Ein überaus sensibles Geruchs- und Geschmackssensorium ist dafür ebenso notwendig wie ein gutes Gedächtnis für die zahlreichen Weine.

Etwa alle fünf bis sechs Wochen wird in der Speisemeisterei die Karte verändert. „Es ist meine Aufgabe, die Weine zu den neuen Speisen auf der Karte auszuwählen“, erzählt die gebürtige Österreicherin. So ist der Wein längst ihre Leidenschaft geworden, dem sie sogar noch einen großen Teil ihrer Freizeit widmet. Da besucht sie Messen, Präsentationen und Weingüter, insbesondere solche, die sie noch nicht kennt. „Es wäre doch schade, unseren Wein ausschließlich von Weingütern zu beziehen, die bereits einen gewissen Namen haben und die wir schon kennen. Ich möchte unsere Gäste ab und zu auch mit Neuem überraschen.“

Weil ihr nach dem Abitur nicht sofort klar war, wie es beruflich weitergehen könnte, hat sie zunächst in einem Hechinger Gasthaus gejobbt. Sie fand Gefallen an der Arbeit und beschloss, eine Ausbildung zur Restaurantfachfrau zu absolvieren. Nach drei Jahren in der Speisemeisterei hat sie diese erfolgreich abgeschlossen. „Von der Schule her war ich es gewohnt, mich in verschiedene Fachgebiete einzuarbeiten, was mir bei der Ausbildung zunächst ein wenig gefehlt hat.“ Da kam ihr der Wein dann gerade richtig. Sie begann, sich damit zu beschäf-

Magdalena Brandstätter, die Sommelière des Restaurant „Speisemeisterei" in Stuttgart-Hohenheim

tigen und hat viel darüber gelesen. „Je mehr ich über Wein gewusst habe, umso interessanter ist dieses Thema für mich geworden", erinnert sie sich.
Was ist für sie das Typische am Württemberger Wein? Sie lächelt und spontan kommt die Antwort, er müsse schwäbischen Charme besitzen – was immer auch damit gemeint sein könnte. Doch dann wird sie ernst. Eine eindeutige Antwort falle ihr schwer. Natürlich seien da die beiden Klassiker Trollinger und Lemberger. „Doch die sind eben schon lange nicht mehr alles. In Württemberg gibt es eine große Boden- und Geschmacksvielfalt und inzwischen sind auch viele weitere Sorten mit guten Qualitäten hier heimisch geworden." Deshalb könne sie diese Frage im Grunde gar nicht beantworten. Und wenn die Qualität stimmt, wozu dann noch nach Schubladen suchen?

ESSLINGEN

Eine Adelsburg, wie man sie beispielsweise zuhauf auf den Anhöhen entlang des mittleren Rheintales antrifft, gibt es in Esslingen tatsächlich nicht. Doch im germanischen und frühen mittelalterlichen Sprachgebrauch bedeutet Burg auch „befestigte Höhe". Damit ist man nun in Esslingen wieder goldrichtig. Was in Esslingen die Burg genannt wird, ist nichts anderes als der nördlichste Teil der Stadtbefestigung, die sich einen Berg hinaufzieht und von zwei Türmen, der Hochwacht und dem Dicken Turm, markiert wird.

Unterhalb dieser Befestigungsanlage, also innerhalb der geschützten Stadt, befinden sich Weingärten. Das ist kein Zufall, denn Esslingen ist eine Stadt, deren „Gewerb ganz auf Wein steht", wie der Stadtrat schon im Jahre 1486 dem Abt von Maulbronn mitteilte. Der wollte damals seinen eigenen Wein in Esslingen verkaufen. Der Rat lehnte das Gesuch mit oben genannter Begründung ab. Und Bierbrauen war in Esslingen immerhin bis ins 17. Jahrhundert verboten.

Wer Esslingen als Weinstadt erleben will und etwas von deren Geschichte einatmen möchte, erschließt sich diese am besten durch den Besuch der so genannten Pfleghöfe, von denen es in der Stadt noch neun zu sehen gibt.

Der Begriff Pfleghof hat nichts mit Spital zu tun. Pfleghöfe waren Wirtschaftshöfe auswärtiger Klöster wie Bebenhausen oder Salem, die in Esslingen Besitztümer hatten. Diese klösterlichen Besitztümer waren überwiegend Weinberge. Die Pfleghöfe verfügten deshalb oft über eigene Keltern und Keller, in denen der Wein bis zu seinem Abtransport zu den Klöstern gelagert wurde.

Links: Blick von der Burg auf die Stadt
Rechts oben: Ruhepause unter dem „Dicken Turm"
Rechts Mitte: Tor zu den Weinbergen
Rechts unten: Rathaus

Tradition trifft Moderne: Marktgeschehen vor dem Kielmeyerhaus …

Die Stadt am Neckar hat natürlich weitaus mehr zu bieten als die reine Altstadt-Idylle. Und dass der Weinbau in Esslingen mit gerade noch etwa 85 Hektar Anbaufläche heutzutage kaum mehr als brauchtumspflegerischen Charakter hat und weit von seiner ehemaligen wirtschaftlichen Bedeutung entfernt ist, hat handfeste Ursachen. Die Nähe zu Stuttgart mit seinen Weltfirmen hat die Wirtschaftsgeschichte Esslingens sehr früh und maßgeblich beeinflusst. Im 19. Jahrhundert begann sich die Stadt zu wandeln. Industriebetriebe siedelten sich

... Glasfassade der neuen Stadthalle

an. So finden sich in Esslingen derzeit etwa 56 000 Arbeitsplätze. Täglich kommen mehr als 28 000 Pendler in die Stadt.

Mitten in Esslingen, nur durch eine schmale Gasse von der imposanten Stadtkirche Sankt Dionys getrennt, steht der ehemalige Pfleghof und eines der wohl meist fotografierten Fachwerkgebäude Deutschlands. Gleichzeitig ist das Deutschlands älteste Sektkellerei, die Firma Kessler. Die kunstvoll geschnitzte Holztüre ist offen. Alles, was zu ebener Erde oder darüber liegt, ist für interessierte

Schon 1867 wurde der Sektkellerei Kessler bei der Weltausstellung in Paris eine Medaille verliehen

Besucher offen und kann frei begangen werden. Anders verhält es sich mit den ausgedehnten Kellergewölben. Das rund 800 Jahre alte Labyrinth ist das Herzstück der Firma und darf nur in Begleitung eines Führers betreten werden.

Holzdecken, Wappen geschnitzt und gemalt, gedrechselte Holzpfeiler und Ahnenbilder der Firmenchefs aus den Familien Kessler und Weiss an den Wänden zieren in der Oberwelt die Büros und Besucherräume eines der ältesten Firmengebäude Deutschlands. Eine Medaille hebt Firmensprecher Eberhard Kaiser besonders hervor: „Die wurde der Firma Kessler bei der Weltausstellung von 1867 in Paris verliehen und hat die deutsche Konkurrenz der französischen Champagner-Hersteller endgültig auf Augenhöhe mit diesen katapultiert.“

Eine schmale, unregelmäßige Steintreppe führt hinunter in die Unterwelt des schwäbischen Familienunternehmens – dort hin, wo aus Wein perlender Schwabenschampus bereitet wird. Eine etwa dreihundert Meter lange Pipeline unter der Altstadt Esslingens befördert vorwiegend Riesling, Chardonnay und Silvaner aus dem Weinlager in die Sektkellerei. Der Kunst der Kellermeister obliegt es, diese Grundweine zu genau jener Cuvée zu vermischen, die später das gewünschte Optimum oder aber einen über viele Jahre gleich bleibenden Geschmackseindruck erzielt. Noch einmal wird dann dem Wein Hefe und Zu-

Sekt, auf die richtige Temperatur gekühlt.

cker, zumeist in Form von süßem Wein, zugesetzt, bevor er schließlich in Flaschen abgefüllt wird. Dort setzt eine zweite Gärung, die Flaschengärung, ein.
Das geschieht in den weitläufigen Gewölbekellern, die an vielen Stellen als Kulisse für Draculafilme dienen könnten. Wie alte, vermoderte Kleiderfetzen hängen die zotteligen Kolonien des schwarzen Kellerpilzes von den Decken. Doch trotz des etwas schaurigen Anblicks sind die Mitarbeiter froh über dessen Anwesenheit. Denn das Kellertuch, wie der Pilz auch genannt wird, sorgt in Wein- und Sektkellern für gutes Klima. Tatsächlich ist die Luft bemerkenswert frisch und keinesfalls moderig. „Cladosporium cellare", wie der Pilz wissenschaftlich heißt, ernährt sich von Alkoholteilchen in der Luft und gibt dafür im Gegenzug Sauerstoff ab. Früher sorgten geplatzte Sektflaschen für ausreichend Nahrung. Heute geht ein Mitarbeiter regelmäßig mit einem Sprühgerät in den Gewölben auf Spritztour und besprüht die Pilze mit Sekt, um den freundlichen Kellerbewohner bei Laune zu halten.
Noch immer werden bei Kessler die edelsten Sekte nach abgeschlossener Flaschengärung von Hand degorgiert und die Flaschen nach Zugabe von süßem Wein, der so genannten Dosage, wieder verschlossen. Jetzt kann das edle Getränk seine Reise zu Sektliebhabern in aller Welt antreten.

Rechts oben: Kulisse wie bei Dracula – ein Pilz will bei Laune gehalten werden.

In den weitläufigen Kellern unter der Altstadt gärt der Sekt zum zweiten Mal.

Metzingen

Ohne Vulkane ginge nichts

Schnäppchenjägern ist Metzingen seit Jahren ein Begriff. Alles, was in der Textilbranche Rang und Namen hat, hat dort einen Fabrikverkauf. Doch Weinkennern ist die knapp 22 000 Einwohner zählende Stadt an der Erms, einem Nebenflüsschen des Neckars, schon weniger bekannt. Dabei ist die Gemeinde sozusagen die letzte Bastion württembergischen Weinbaus vor der Schwäbischen Alb. Und dass man in Metzingen überhaupt Wein anbaut, ist, zumindest auf den ersten Blick, keine Selbstverständlichkeit, liegt das Städtchen doch bereits 350 Meter über dem Meeresspiegel. Kalte Winter und kürzere Vegetationsphasen machen den Floriansberg, den Weinberg und den Hofbühl zunächst einmal nicht zu idealen Reblagen.

Doch diese drei Metzinger Hanglagen bestehen andererseits aus nährstoffreichen Schiefertonen, die mit verwittertem Tuff ehemaliger Vulkanschlote vermischt sind. Diese Mischung zeitigt nicht nur lockere Böden. Diese Böden sind auch in der Lage, tagsüber warme Sonnenstrahlen einzufangen und für die Nacht zu speichern. So kommt es im Ermstal zu einem weinbaufreundlichen Klima, das zusammen mit den besonderen Böden ausdrucksstarke und aromareiche Weine hervorbringt.

Dies wussten offensichtlich auch schon die Mönche in Zwiefalten, Bebenhausen oder Schussenried. Nicht zuletzt auf deren Betreiben sind Ende des 13. Jahrhunderts die weit über die Stadt hinaus bekannten sieben Metzinger Kelterhäuser entstanden. Fünf dieser Keltern sind dem Dreißigjährigen Krieg zum Opfer gefallen und abgebrannt, wurden aber bis zum Jahr 1700 wieder

aufgebaut. Alle sieben waren mit Kelterbäumen ausgerüstet, die die Metzinger 1929 entfernten. Nur einer blieb zu musealen Zwecken stehen. Er ist heute in jener Kelter zu bewundern, die inzwischen als Weinbaumuseum genutzt wird.

Überhaupt hatten Metzingens sieben Keltern „Glück“. Gab es doch noch Anfang der 70er Jahre des vergangenen Jahrhunderts Bestrebungen, sämtliche Keltern abzureißen und den Kelternplatz mit einträglicheren Bauwerken zu überbauen. Denn längst lagen die Keltern nicht mehr wie ursprünglich am Ortsrand und damit dicht bei den Weinbergen, sondern mitten in der Stadt. Geldmangel hat manchmal auch Vorteile, wenn er nämlich verhindert, dass ein unwiederbringliches Kulturerbe abgebrochen wird. So geschehen in Metzingen. Und als die Metzinger Kassen wieder besser gefüllt waren, hatte sich die Einstellung zu ihrem baulichen Erbe bereits gewandelt. Heute stehen zwei Keltern für Feste und Feiern zur Verfügung. In einer Kelter ist die Stadtbücherei, in zwei weiteren sind die Vinothek der Weingärtnergenossenschaft und das Weinbaumuseum untergebracht. Die siebte Kelter beherbergt einen Veranstaltungsraum. So wurde aus dem Kelternplatz, der heute auch als Marktplatz dient, das kulturelle Zentrum der Stadt Metzingen. Etwa um 1600 erlebt der Weinbau in der Ermsstadt seinen Höhepunkt. Zu Beginn des 18. Jahrhunderts entwickelt sich das Textil- und Gerberhandwerk. Etwa 100 Jahre später werden aus den Manufakturen langsam Industriebetriebe. Und bereits zwischen 1820 und 1825 verzeichnet man die ersten Textilfabriken. Die Bevölke-

rung wächst. 1859 wird die Stadt ans Schienennetz angeschlossen, was zu einem weiteren wirtschaftlichen Aufschwung führt.
Bis ins 19. Jahrhundert hinein konnte sich auch der Weinbau gegenüber seinem immer stärker werdenden Mitbewerber, dem Gerstensaft, behaupten. Erst dann entstand die erste von später vier Brauereien. Heute ist der Weinbau mit rund 30 Hektar Fläche zwar ein relativ kleiner Wirtschaftszweig. Nichtsdestotrotz ist man stolz auf die Weine, die Klima, Boden und der Fleiß der Weingärtner jedes Jahr hervorbringen. Verstecken müssen sie sich damit nicht und gerade deshalb bleibt für den Rest der Welt kaum noch etwas übrig. Denn die Metzinger wissen ihre eigenen Gewächse sehr wohl selbst zu schätzen.
Aber natürlich wollen die Metzinger ihre Gewächse auch Fremden nicht vorenthalten. In der Vinothek der Genossenschaft können Besucher die heimischen Weine nicht nur kosten, sondern auch einkaufen. Und wer mehr über den Weinbau in Metzingen erfahren möchte, dem sei eine Wanderung entlang des Weinlehrpfades am Metzinger „Weinberg" empfohlen. Hermann Stiefel, der auch Vorsitzender des Weingärtner Liederkranzes ist, hat diesen 2,7 Kilometer langen Rundweg mit seinen großartigen Rundblickmöglichkeiten initiiert. Auf 17 Tafeln wird hier über regionale und lokale Besonderheiten des Weinbaus informiert. Ausgangspunkt ist der Wanderparkplatz an der Kohlberger Steige.

Weingärtner Liederkranz Metzingen

„Wer in keinem Verein war, der war niemand". Es war die Zeit, in der eine wahre Gründungswelle über Deutschland schwappte. Überall gründeten sich etwa ab der Mitte des 19. Jahrhunderts Vereine. Gesellenvereine, Arbeitervereine und insbesondere Turn- und Gesangvereine schossen beinahe wie Pilze aus dem Boden. Es war die Zeit, in der sich die ständische, von Adel und Klerus geprägte Gesellschaft auflöste und die Menschen sich angesichts der Neuerungen in Gesellschaft und Wirtschaft ebenfalls ganz neu orientieren mussten.
Das war in Metzingen nicht anders. Bereits 1841 gründeten die Weingärtner ihren ersten Verein, die „Urbania". Dieser Verein hatte so starken Zulauf, dass man irgendwann beschloss, keine neuen Mitglieder mehr aufzunehmen. Dies betraf insbesondere junge Weingärtner, die deshalb 1873 ihren eigenen Weingärtnerverein, die „Ein-

Links: In der „Hauptstadt" des Fabrikverkaufs bleiben keine Wünsche offen. Von hochwertigen Designer-Markenartikeln bis zu Young-Fashion und Outdoor-Mode findet sich alles in unmittelbarer Nähe zur sehenswerten Innenstadt mit ihren historischen Plätzen.
Unten: Stadt der sieben Keltern

Wengerterchor „Urbania“

Links: Albert Stärr beim Anschuss zum Fest

tracht“, gründeten. Die „Urbania“ hatte sogar am Metzinger Weinberg, also in bester Lage, ihren eigenen Vereinsweinberg. Der dort erzeugte „Vereinswein“ war mit besseren Sorten bestückt und erzielte wegen seiner besseren Qualität auch höhere Preise.

Jedes Jahr haben die Weingärtnervereine ihre Mitglieder zur Mitgliederversammlung eingeladen. Dort mussten nicht nur die Vorstände Rechenschaft ablegen, man pflegte auch bei Wein und Essen die Geselligkeit. Der einen oder anderen solchen Veranstaltung ist es wohl zu verdanken, dass die Weingärtner die Idee hatten, einen Weingärtnergesangverein zu gründen. Denn wo die Menschen gemeinsam essen und trinken, ist der Gesang nicht mehr weit.

Vorstände und Dirigenten kamen und gingen, doch das Liedgut blieb weitgehend dasselbe: „Lieder vom Wein. Wein und der Gesang, Wein und die Liebe, Wein und die Frauen. Das unterscheidet uns Weingärtner-Gesangsvereine von den anderen“, weiß der langjährige Vorsitzende Fritz Ruoff, der 1970 zum Ersten Vorsitzenden gewählt wurde. Und mit ihrem Repertoire sind die Sängerinnen und Sänger aus Metzingen noch immer gern gesehene Gäste auf den Weinfesten der Umgebung.

Ruoff erinnert sich noch an das erste Metzinger Weinfest nach dem Krieg: „Das war 1950. Man hatte den Alleinunterhalter Simbinelli dafür gewinnen können. Den haben wir mit einer riesigen Polonaise vom Bahnhof abgeholt.“ Damals habe der Liederkranz auch noch eine Volkstanzgruppe gehabt. Die war auch mit dabei. Zu dieser Zeit habe jeder in den Verein gewollt. Damals zählte der Liederkranz noch 60 aktive Sänger und war ein reiner Männergesangverein. Frauen wurden erst in den 70er Jahren des vergangenen Jahrhunderts zugelassen.

Im Jahr 2006 hat der Verein noch 32 aktive Sängerinnen

Rechts: Weinberghäuschen

und Sänger. Auch da habe sich viel verändert, erinnert sich Ruoff: „Wer damals nach dem Krieg in keinem Verein war, der war niemand, denn unter die Leute zu kommen, das war wichtig.“ Heute sei alles anders. Die Menschen hätten so viel Ablenkung durch das Fernsehen und ein Freizeitangebot mit zahlreichen Auswahlmöglichkeiten.

Doch so lange es noch geht, wird man in Metzingen Weinlieder singen. Jedes Mitglied bekommt ab dem 70. Geburtstag und dann alle fünf Jahre ein Ständchen gesungen. Beim Tod eines aktiven Mitglieds wird dieses von seinen ehemaligen Sangesbrüdern und -schwestern auf den Friedhof begleitet und bekommt dort den Grabgesang. So will es der Brauch.

DIE WÜRTTEMBERGER ERFAHREN UND

WEINSTRASSE – GENIESSEN

Straßen waren schon immer mehr als nur Wege von A nach B. Sie erschließen neue Welten, erweitern den Horizont, befriedigen die menschliche Neugier oder eröffnen ungewohnte Perspektiven, eben weil A nicht gleich B ist. Mit der zunehmenden Verbreitung des Autos, das die Menschen relativ schnell von einem Ort zum anderen bewegen kann, gewannen die so genannten Ferienstraßen an Bedeutung. So sollen etwa die Burgen-, Spargel- oder Edelsteinstraße, die Idyllische oder die Barockstraße und viele andere den Homo Automobilensis zu neuen Erlebnis- und Erkenntnishorizonten führen. Wie auf einer Perlenkette werden beispielsweise Burgen oder Spargelorte zu touristischen Themen zusammengefasst und für Urlauber und Interessierte erfahrbar und damit erlebbar gemacht.

Gerade für den Wein gilt das alles in ganz besonderer Weise. Wer erinnert sich nicht an die eine oder andere Urlaubsreise in den Süden, an laue Sommerabende bei einem schönen Essen und einem guten Glas Wein? Selbst-

Links: Neipperger Doppelburg
Unten: Gasthausschild

Weinbauer Jochen Beurer, aus Kernen-Stetten im Remstal, beim Pflanzen der Weinstöcke

verständlich hat man sich davon ein paar Flaschen für die Erinnerungen zu Hause gesichert. Aber wer erinnert sich nicht auch an die leise Enttäuschung nach dem Öffnen der ersten Flasche, deren Inhalt mit dem Geschmackserlebnis vor Ort nur noch wenig gemeinsam hat? Es scheint beinahe, als ob dieses uralte Kulturgut Wein auf seine Herkunft pocht und weitaus besser für den Genuss des Augenblicks am Ort seiner Entstehung geeignet ist. Zur Pflege von Erinnerungen an sinnliche Genüsse, zumal in fremden Ländern, mag er dagegen weniger taugen. Denn als altes Kulturgut wurzelt der Wein seinerseits wieder sehr tief in der zivilisatorischen Entwicklung seiner Umgebung.

Ein kluger Mensch hat einmal gesagt: „Es dauert ziemlich lange, bis man zum Weinkenner wird. Aber es ist eine sehr schöne Zeit.“ Die über 500 Kilometer lange Württemberger Weinstraße will denen, die auf ihr reisen, ein wenig behilflich sein und ist durchaus ein Weg zur Kennerschaft. Sie schützt die Reisenden vor Abwegen und Umwegen und öffnet ihnen gleichzeitig die Sinne für das, was dieses Land zu bieten hat und was sich vielleicht aufs Schönste in seinen Weinen niederschlägt.

Eine kleine Kulturgeschichte des Weins

Wer sich auch nur ein wenig mit Wein beschäftigt, kommt nicht umhin, sich mit dessen Geschichte und jenem Zivilisationsprozess zu befassen, den dieses Getränk bei seinen Liebhabern im Laufe der Jahrhunderte sozusagen provoziert und in Gang gesetzt hat. Man denke nur an das Brauchtum rund um den Wein, die Literatur oder die Musik, die sich oftmals nicht nur mit dem Wein beschäftigt, sondern deren Autoren immer wieder vom Wein inspiriert wurden. Gleichzeitig war der Wein fortwährend auch ein Wirtschaftsgut, das stets in die historisch-ökonomischen Prozesse eingeschlossen war.

In Württemberg, darüber sind sich die Historiker inzwischen weitgehend einig, begann der Weinbau im 6. und 7. Jahrhundert. Die Klöster spielten damals eine tragende Rolle, denn sie bedurften „sehr des Weines, sowohl für ihre Gaumen als für den Gottesdienst, sowie für reiche und arme Gäste“, wie ein Chronist notierte. Aber nicht nur die Klöster, zahlreiche weitere geistliche und weltliche Herrscher ließen beispielsweise im Raum Heilbronn bereits im 8. und 9. Jahrhundert ihre Weinberge bestellen. Gerade etwa 200 Jahre später wurde bis ins 13. Jahrhundert hinein die Weinbergfläche in Württemberg stark erweitert. Zuhauf finden sich aus dieser Zeit Urkunden über Käufe und Verkäufe von Weinbergen. An diesem Handel waren allerdings nur der Adel und kirchliche Würdenträger beteiligt. Auch der Weinhandel wuchs damals bereits zu einem veritablen Wirtschaftszweig heran. Bis nach England wurde Wein aus Württemberg verkauft. Rein ökonomisch gesehen kann man die Bedeutung des Weinbaus und des Weinhandels über die Jahrhunderte hinweg kaum hoch genug einschätzen. Immer wieder finden sich in alten Urkunden Sätze wie dieser: „Die ganze Nahrung und Einkummen der Burgerschaft an dem Weinhandel hangete." Und andererseits gab es keine öffentliche Zusammenkunft, weder Reichs-, noch Gemeinde-, noch Zunftsversammlungen wurden ohne Wein abgehalten. Sämtliche Geschäfte wie Käufe, Übernahmen, aber auch Familienereignisse wurden mit Wein gefeiert. Wein war oft sogar Ersatzwährung. Tagelöhnern, Knechten und Mägden wurde ein Teil ihres Lohnes in Wein ausbezahlt. Ja sogar Schulden hat man in Form von Wein zurückbezahlt und manchmal waren die Schulden so hoch, dass eine Jahresernte gar nicht ausreichte, um sie zu begleichen. Die deutsche Sprache kennt noch heute Wörter wie Ehrenwein, Weinkauf, Leichentrunk oder Trinkgeld, die andeuten, in welchen Zusammenhängen dem Wein zugesprochen wurde. Dr. Reinhold Baumann berichtet in seinem Heft über „Zwölf Jahrhunderte Weinbau und Weinhandel in Württemberg" über die Vermählung des Herzogs Johann Friedrich im Jahr 1609. Zu diesem Fest hatte der Herzog 9600 Personen eingeladen, die 1413 Eimer Wein getrunken haben sollen. Das sind in heutigen Maßen immerhin 415 000 Liter. Pro Person durchschnittlich etwas mehr als 43 Liter.

Im Weinberg ist was los

Weinlese und historisches Weinpressen in Heilbronn

Wein und Architektur

Von solchen Weintrinkern kann die heutige Weinwirtschaft nur noch träumen. Denn bereits seit der Reformation, die den Grundstein legte, lässt sich ein Trend zur Nüchternheit feststellen. Dieser Trend bekam insbesondere mit der Industrialisierung einen starken Schub, denn gleichgültig, ob die Menschen an irgendeiner Maschine oder im Büro arbeiteten – wer nüchtern war, war leistungsfähiger, machte weniger Fehler, die an großen Maschinen schnell tödlich enden konnten. Zudem bekam der Wein mit dem Bier und dem Branntwein, aber auch mit dem Kaffee mehr und mehr Konkurrenz. Und etwa seit den 1980ern floss immer mehr ausländischer Wein nach Deutschland und machte den hier vorherrschenden Sorten wie Riesling, Müller-Thurgau, Kerner und Silvaner oder bei den Rotweinen dem Trollinger, Lemberger, Schwarzriesling, Dornfelder und Clevner ernsthafte Konkurrenz.

So ist klar, dass Werbung und Marketing auch in der Weinwirtschaft immer wichtiger wurden. Als Erstes hat man die Flaschen und die Etiketten modern und elegant gestaltet. Doch die Vermarktungsbranche macht hier noch lange nicht Halt. Seit einiger Zeit haben die Winzer sogar die Architektur als Marketinginstrument entdeckt. Vorbilder waren nicht zuletzt die französischen Châteaux, die schon sehr früh den Wein zu jenem adligen Getränk hochstilisierten, als das er bis heute gilt.

Friedrich Lörcher unterrichtet an der staatlichen Lehr- und Versuchsanstalt für Obst- und Weinbau in Weinsberg die Nachwuchs-Wengerter in Sachen Marketing. Für ihn steht fest: „Das Gebäude eines Weingutes ist das Allererste, was ein Kunde sieht. Sofort macht er sich ein Bild von diesem Weingut. Und je prägnanter das Gebäude, umso besser bleibt dieses Bild im Kopf."

Natürlich atmen solche Gebäude auch ein gutes Stück Zeitgeist. So siedelten zwischen 1970 und 1980 sehr viele Betriebe hinaus in den Außenbereich. Man baute Hallen für die teuere Technik, die gerade so richtig aufkam. Es war die Zeit der Massenweine, nach deren Qualität damals kaum jemand fragte. Oft haben sich die Bauherren mit hohen Mauern umgeben, gerade so als ob niemand sehen sollte, was dahinter passiert. Just in diese Zeit fielen auch die sattsam bekannten Weinskandale, die beispielsweise dem österreichischen Weinbau beinahe die Existenz gekostet hätten.

Erst etwa ab 1990 orientierten sich die Weingärtner neu. Qualität durch Mengenbegrenzung wurde immer wichtiger, „Klasse statt Masse“ lautete der neue Wahlspruch im Weinbau. Viele setzten auf ökologischen Weinbau, wodurch vor allen Dingen die Natur als die grundlegende Ressource in ihrem bestmöglichen Zustand erhalten werden sollte. Mit Aktionen wie der „Gläsernen Produktion“ präsentierten die Wengerter zum einen ihre hohen Produktionsstandards, andererseits aber auch demonstrierten sie damit, dass man nichts zu verbergen hat. Was in der Industrie längst Standard war, entdeckten nun auch die Wengerter: das Corporate Image, das in sich stimmige, einheitliche Erscheinungsbild eines Betriebes nach außen. So lag es nahe, dass man auch das Gebäude eines Weingutes oder einer Weingärtnergenossenschaft in dieses einheitliche Erscheinungsbild integrierte.

Der Heilbronner Architekt Franz-Josef Mattes: „Inzwischen haben viele begriffen, dass es einen Zusammenhang gibt zwischen dem optischen Eindruck eines Gebäudes, der gleichzeitig eine Art Visitenkarte des Betriebes darstellt und einem Wettbewerbsvorteil, wenn die Architektur stimmt.“ Mattes, der beispielsweise den Verkaufsraum des Weinsberger Staatsweingutes gestaltet hat, will weg von Buttenidylle und Fassdauben-Pittoresk. „Deshalb habe ich diesen Raum sehr nüchtern gehalten, habe versucht ihn wie ein großes Schaufenster offen, hell und freundlich zu gestalten. Der Raum ist so groß, dass sich die Kunden sogar privat hinsetzen können, ohne sich vom anwesenden Personal gestört fühlen zu müssen. Die Weine werden in einzelnen Flaschen als Unikate wie in einer Ausstellung präsentiert, was ihren hohen Wert und ihre Einzigartigkeit unterstreicht.“

Birgit Ehrmann bei der Weinlese

Heiko Schapitz, Geschäftsführer der Remstalkellerei im Holzfasslager

Wein und Schokolade

Schon beinahe zum guten Ton gehört es heute bei vielen Genossenschaften und privaten Weingütern, die besten ihrer Produkte in den Zusammenhang mit Schokolade zu bringen. Und fast immer kommt diese Schokolade aus einem Ort an der Württemberger Weinstraße, aus Gundelsheim. Dort hat vor einigen Jahren der Konditormeister Eberhard Schell begonnen, mit Wein und Schokolade zu experimentieren, nachdem er zunächst für die

Links oben: Friedrich Lörcher: „Das Gebäude eines Weingutes ist das Allererste, was ein Kunde sieht. Sofort macht er sich ein Bild von diesem Weingut. Und je prägnanter das Gebäude, umso besser bleibt dieses Bild im Kopf."
Links unten: Dr. Günter Bäder, Direktor der Lehr- und Versuchsanstalt für Obst- und Weinbau in Weinsberg
Rechts: Mitarbeiterinnen der Heuchelbergkellerei auf dem Heilbronner Weindorf

Weingärtnergenossenschaft Neckarsulm eine inzwischen patentierte Praline mit Auslese-Essig kreiert hatte. „Da war es für mich nur noch ein kleiner Schritt, so etwas auch einmal mit Wein und Schokolade zu probieren." Gesagt, getan. Der Konditor und Weinliebhaber entwickelte für das Staatsweingut in Weinsberg eine Barrique-Trüffel. Die kam so gut bei den Kunden an, dass „ich beschloss, mir hier auf diesem Gebiet meine Nische zu suchen." Denn Wein und Schokolade beziehungsweise Kakao haben mehr gemeinsam als man gemeinhin annimmt. Wie der Wein als Göttertrank, gilt die Schokolade in ihren Ursprungsländern in Mittel- und Südamerika als Speise der Götter. Und so wie es etwa 8500 verschiedene Rebsorten gibt, kennt man auch mehr als 13 000 Untersorten des Kakaos. Damit etwas Edles daraus wird, müssen Wein und Kakao gleichermaßen gären beziehungsweise fermentieren. Und Schell bezieht für seine Produkte inzwischen Schokoladen aus ganz bestimmten Lagen. Die werden dann entweder zu einer Grund-Cuvée, die er inzwischen gefunden hat, gemischt. Was aber auch möglich ist: „Ich mische verschiedene Schokoladen und ganz bestimmte Gewürze so zusammen, dass sie zu bestimmten Weinen ganz besonders gut passen."

Unglaublich? Schell führt mittlerweile Seminare für Sommeliers durch, aber auch Wein- und Schokoladeproben für interessierte Gruppen. Tatsächlich sind diese Proben ein Geschmackserlebnis der ganz anderen Art. Und obwohl sich die beiden auf der Zunge nicht vereinigen, entfalten sie dort geradezu ein Feuerwerk abenteuerlichster Geschmackserlebnisse, die sich jeder Weinkenner und Genießer ab und zu einfach gönnen sollte.

Dank

Wir danken allen, die uns mit Informationen, Rat und Tat zur Seite standen und all denen, die mit viel Geduld und Hilfsbereitschaft zum Gelingen beigetragen haben:
Stadt Weikersheim, Markelsheim eG Weingärtnergenossenschaft, Stadtverwaltung Bad Mergentheim, Stadtverwaltung Ingelfingen, Kochertalkellerei Ingelfingen e.G., GEMÜ Gebr. Müller Apparatebau GmbH & Co KG, Stadtverwaltung Niedernhall, Bürgermeisteramt Forchtenberg, Hohenlohe + Schwäbisch Hall Tourismus e. V., Stadt Weinsberg, Gemeinde Erlenbach, Weingärtner Neckarsulm-Gundelsheim eG, Heilbronn Marketing GmbH, Genossenschaftskellerei Heilbronn-Erlenbach-Weinsberg eG, Stadt Lauffen am Neckar, Lauffener Weingärtnergenossenschaft e.G., Weingut Michael Schiefer, Bürgermeisteramt Leingarten, Stadt Schwaigern, Heuchelberg Kellerei eG., Antje Schollenberger, Weingärtner Brackenheim eG, Hentschke und Blükle, Rechtsanwälte, Theodor-Heuss-Apotheke, Brackenheim, Stadt Güglingen, Weingärtner Cleebronn-Güglingen eG, Weingut R. Wachtstetter, Stadtverwaltung Maulbronn, Stadt Vaihingen an der Enz, Kraichgau-Stromberg Tourismus e.V., Stadt Marbach am Neckar, Werbegemeinschaft Württembergischer Weingärtnergenossenschaften eG, Stadt Besigheim, Gemeinde Hessigheim, Felsengartenkellerei Besigheim eG, Bürgermeisteramt Mundelsheim, Stadt Großbottwar, Stadtverwaltung Beilstein, Stadt Ludwigsburg, Blühendes Barock Ludwigsburg GmbH, Weingut Herzog von Württemberg, Stadt Weinstadt, Remstalkellerei eG, Verkehrsverein Remstal-Route, Stadt Fellbach, Weingut Gerhard Aldinger, Stadt Esslingen am Neckar, Esslinger Stadtmarketing & Tourismus GmbH, Stadt Metzingen, Weinbauverband Württemberg e.V.

Literatur

Carlheinz Gräter: „Die Tauber von der Mündung bis zur Quelle“, KunstSchätze Verlag 2004; „Deutscher Orden 1190 – 2000“, Deutschordensmuseum Bad Mergentheim; Friedrich Henning: „Heuss“, Bleicher Verlag 1984; Heinz Rall: Historische Kirchen im Zabergäu; Heinz Krumm: Naturpark Stromberg-Heuchelberg; Dieter Buck: Ausflugsziel Stromberg Heuchelberg, Silberburg Verlag 2002; Martin Ehlers: Maulbronn: Das Kloster und die Dichter, Geiger Verlag 1996; Otto Borst: Mein Land hat kleine Städte, Konrad Theiss Verlag 2002; Gernot von Hahn, Friedhelm Horn: Ludwigsburg Stadt der Schlösser und Gärten, Medien Verlag Schubert 1998; Historischer Führer Bottwartal, Hrsg. Historischer Verein Bottwartal e.V. Verlag Oertel und Spörer 2003; Streifzüge im Neckartal: Eva Walter und Thomas Pfündel 1991 DRW-Verlag Weinbrenner; Dieter Schedy Felsen, Wein und Stäffele Ipa-Verlag Vaihingen, 2003; Otto Linck: Ausgewählte Schriften Herausgeber: Stadt Güglingen und der Zabergäu-Verein, 1992; Dr. Helmut Arntz, „Der Wein und die Massengesellschaft“, Nr. 12, Wiesbaden, Juli 1964, in Schriften zur Weingeschichte, Hrsg. Gesellschaft für Geschichte des Weins; Dr. Reinhold Baumann, „Zwölf Jahrhunderte Weinbau und Weinhandel in Württemberg“, Nr. 33, Wiesbaden, Januar 1974, in Schriften zur Weingeschichte, Hrsg. Gesellschaft für Geschichte des Weins; Dr. Theodor Heuss, „Weinbau und Weingärtnerstand in Heilbronn am Neckar“, Neuausgabe nach dem Nachdruck 1950 im Verlag Daniel Meininger, Neustadt, Hrsg. Christian Schrenk, Stadtarchiv Heilbronn 2005.

AutorInnen und FotografInnen

Ulrike Maushake, freie Journalistin, 1956 im Harz geboren. Sie schrieb die Texte Liebliches Taubertal, Lauffen, Leintal, Zabergäu, Kraichgau, Enztal, Stromberg, Bottwartal und Neckarschleifen, Ludwigsburg.

Martin Nied, freier Journalist, 1953 in Heilbronn geboren. Von ihm stammen die übrigen Texte.

Thomas Bernhardt, selbstständiger Fotograf mit Atelier in Stuttgart-Feuerbach.

Fotos: Vaihingen-Enz, Bottwartal und Neckarschleifen, Ludwigsburg, Remstal, Stuttgart, Oberes Neckartal, S. 3 links oben, unten und S. 154

Rolf Bodmer, selbstständig als Werbe-, Industrie-, und Kalenderfotograf. Fotos: Heilbronn und Neckartal, Leintal, Zabergäu, S. 3 rechts oben, S. 152, 156, 159 sowie die Coverabbildung

Eva Maria Kraiss, Realschullehrerin und freie Fotografin, 1944 in Prag geboren. Fotos: Liebliches Taubertal, Hohenlohe, Kocher, Jagst, Weinsberger Tal, S. 1, 2, 3 rechts unten, S. 124, 153, 155, 156 oben, 157 oben und Mitte und S. 158

Uta Süße-Krause, freie Fotografin, 1955 in Maulbronn geboren. Fotos: Maulbronn

Weitere Bildnachweise: Heilbronner Stimme S. 60, Stadt Ludwigsburg S. 116, Wolfgang Selbach S.92, 100 oben und 101, 157 unten

Impressum

1. Auflage November 2006

Idee und Konzeption:
Peter Koch, Brigitte Hentschke

Gestaltung: Walter Schneider, Stuttgart, Peter Koch, Brackenheim

Herausgeber: Peter Koch Marketing

Druck: WALTER Medien GmbH, Hausen

ISBN 10: 3-935474-04-0

ISBN 13: 978-3-935474-04-7

Verlagsadresse: AgentK,
Wendelstrasse 9, 74336 Brackenheim,
Tel. 07135-15032, Fax 07135-15351,
www.agentk.de

Bibliografische Information der Deutschen Bibliothek: Die Deutsche Bibliothek verzeichnet diese Publikation in der Deutschen Nationalbibliografie; detaillierte bibliografische Daten sind im Internet über http://dnb.ddb.de abrufbar.

BAD
Jagst
INC
FORCHTENBERG
Neckar
Kocher
WEINSBERGER TAL
ERLENBACH
ÖHRI
NECKARSULM
PFEDE
LEINTAL
HEILBRONN
LEINGARTEN
WEINSBERG
SCHWAIGERN
ZABERGÄU
HEILBRONN UND NECKA
BRACKENHEIM
LAUFFEN
GÜGLINGEN
BEILSTEIN
NECKARSCHLEIFEN
BESIG-
HEIM
GROSSBOTTWAR
MUN-
DELS-
HEIM
HESSIGHEIM
MAULBRONN
BOTTWARTAL
KRAICHGAU-ENZTAL-STROMBERG
MARBACH
Enz
VAIHINGEN-ENZ
LUDWIGSBURG
REMSTAL
FELLBACH
WEINSTADT
STUTTGART
ESSLINGEN
OBERES NECKARTAL
Neckar
METZINGEN